© 2016 ZS Verlag GmbH
Kaiserstraße 14b
D-80333 München

ISBN: 978-3-89883-528-2
1. Auflage 2016

Projektleitung	Kathrin Ullerich
Rezepte & Texte	Tanja Dusy
Lektorat	Gertrud Köhn
Grafische Gestaltung	Ronja Bernhardt
Satz	Gertrud Köhn
Fotografie	Monika Schürle, Maria Grossmann
Foodstyling	Susanne Walter
Fotoassistenz	Julia Tripps
Herstellung	Peter Karg-Cordes
Producing	Jan Russok
Druck & Bindung	Lego, Vicenza

Die ZS Verlag GmbH ist ein Unternehmen der Edel AG, Hamburg.
www.zsverlag.de | www.facebook.de/zs-verlag

TANJA DUSY

Shades of Green

Gemüserezepte, die gesund, schlank und sexy machen

Inhalt

Die Rezepte sind mit folgenden
Symbolen gekennzeichnet:

vegan   raw   glutenfrei

GREEN EATING

Verführung pur, so weit das Auge reicht: schicke Restaurants, fancy Schnellimbisse, Sandwiches to go und Zuckersüßes beim Bäcker. Der Supermarkt – ein Schlaraffenland, in dem man sich nur bedienen muss. Uns scheint es an nichts zu fehlen, eigentlich müssten wir nur so vor Energie strotzen. Aber das Gegenteil ist der Fall: Wir werden immer runder, träger und kränker. Woran liegt das? Ein Blick in die Einkaufswagen an der Kasse genügt: jede Menge kunterbunter Verpackungen, aber eine Farbe fehlt – Grün.

In meinem Einkaufskorb findet sich Grün in allen Schattierungen: bergeweise Gemüse, knackiger Salat, exotische Avocados, pralle Früchte, Sprossen und bundweise Kräuter. Warum? Weil ich fit sein will, weil ich schlank bleiben will, weil ich gute Laune haben will, weil ich keine Medikamente nehmen möchte … und weil ich gerne esse, koche und mich die faszinierende Bandbreite an grünen Köstlichkeiten täglich neu inspiriert. Mit diesem Buch möchte ich die grüne Küche in ihrer köstlichen Vielfalt und in all ihren verführerischen Facetten vorstellen:

Green Eating ist vegetarische Küche, die kreativ ist und mehr bietet als nur Altbekanntes ohne Fleisch oder mit (Soja-)Fleischersatz.

Green Eating ist Clean Eating! Es wird konsequent reichlich frisches Grün in Form von Gemüse, Obst und anderen weitgehend unverarbeiteten pflanzlichen Produkten verwendet.

Green Eating ist Lean Eating auf der Basis moderner Ernährungswissenschaften: eine vollwertige Slow-Carb-Küche mit möglichst vielen gesunden Nährstoffen von frischem Grün.

Green Eating ist Healthy Eating, das sich die in der Natur vorkommenden Vitalstoffe zunutze macht – und uns aktiv, gesund und sexy.

Und nicht zuletzt: Green Eating ist Genuss mit Gerichten, die sich leicht in den ganz normalen Alltag integrieren lassen. In diesem Buch findest Du ein reiches Angebot an Rezepten, aus dem Du täglich neu schöpfen kannst, Varianten für Deine persönlichen Vorlieben findest und bei dem Du immer wieder neue Geschmackswelten entdeckst. Ein richtiges grünes Abenteuer, zu dem ich Dich gerne einladen möchte!

Tanja Dusy

Green Passion

Alle Theorie ist grau – trotzdem:
Ein kurzer Blick auf unseren Alltag
genügt, und wir verstehen sofort, warum
es mit dem Schlank- und Fitsein oft
nicht klappt. Der Ausweg ist eindeutig
grün und gleichzeitig unendlich vielfältig.
Es gibt Tausende kulinarische Spielarten,
wie sich uns Grün anbietet –
genieße einfach die Abwechslung!

GO GREEN!

**So lautet das Gebot der Stunde für alle, die schlank,
fit, gesund und attraktiv sein wollen. Keine Ausrede mehr:
Iss grün, trink grün, lebe grün!**

BASIC INSTINCT

Essen ist mehr als die schönste Nebensache der Welt: Es ist fester Bestandteil im Tagesablauf, verschafft uns im besten Sinne größte Lust und hat direkte Wirkung auf unseren Körper, unsere Gefühle, unsere Laune. Gesünder essen für eine sexy Figur, für eine tolle Ausstrahlung, für Wachheit, Fitness und den kleinen Extrakick – das ist, was wir uns alle wünschen. Wie das geht, wissen wir theoretisch. Die Praxis lässt dann aber häufig zu wünschen übrig. Neben dem Bett ist vor allem die Küche der Ort der kleinen Schwindeleien: „Ich trinke dreimal am Tag einen Detox-Smoothie aus dem Supermarkt und esse kaum etwas, keine Nascher eien, nie Süßes." Oder man is(s)t konsequent, aber es klappt trotzdem nicht so richtig: Nicht wenige Vegetarier legen trotz offensichtlichen Verzichts erst einmal ganz schön zu, und viele Superfoods bringen außer Umsatz für die Anbieter nicht wirklich etwas.

Wir sollten besser unseren uralten Instinkten vertrauen und mehr, noch mehr Grünes essen. Zurück zu den Wurzeln lautet die Devise – aber auch zurück zu den Stängeln, Blättern, Keimlingen und zarten Sprossen, zu Früchten, Samen, Kernen und vollem Korn. Kurz gesagt: zurück zu allen pflanzlichen Produkten, in denen die ganzen fantastischen Wirkstoffe enthalten sind, die unser Organismus benötigt, um mehr als nur zu funktionieren. Ursprünglich gut, möglichst frisch und nicht industriell verarbeitet ist (grünes) Gemüse das wahre Superfood, das Kraft, Energie, Gesundheit, gute Laune und das besondere Leuchten von innen schenkt. Ganz ohne verschreibungspflichtiges Rezept, preiswert und dazu noch unendlich vielfältig und lecker. Probiere es einfach aus und erlebe, was mehr Grün in Deinem Leben bewirken kann!

Mal ehrlich, wie oft machst Du's?

Einmal am Tag den berühmten Apfel, der den Doktor fernhalten soll? Fünfmal am Tag, so lautet der Rat der Deutschen Gesellschaft für Ernährung (DGE), sollten wir Gemüse und mäßig Obst essen. Das bedeutet konkret rund 400 g Gemüse und 250 g Obst. Neueste Studien aus England propagieren sogar sieben Rationen. Das wären immerhin schon sechs bis sieben Äpfel pro Tag. Also Apfeldiät? Klingt nicht gerade sexy, aber mal ganz ehrlich, auf wie viel Grün kommst Du? Mach Dir einmal klar, wie oft Du wirklich frisches Gemüse und Obst isst, da ist garantiert noch Luft nach oben. Du wirst sehen, es ist gar nicht schwer, auf mehr Grün zu schalten – und zu viele gute Gründe sprechen dafür.

GRÜN MACHT DICH SCHLANK …

Stell Dir einen saftigen Burger im weichen Weizenbrötchen vor, daneben eine Schüssel mit einem Berg Gemüse, beispielsweise Brokkoli, und etwas Vollkornreis. Was macht Dich mehr an? Der Burger? Klar, er macht Dir sofort den Mund wässrig, wird mit Heißhunger verschlungen, pusht Deinen Blutzucker in Null komma nichts zum absoluten Höhepunkt und verschafft Dir pure, ungezügelte Lust. Doch schnell ist er weg, und Du schiebst pfundemäßig noch lange Frust. Die Brokkolischüssel scheint dagegen weniger Sexappeal zu haben, besitzt aber versteckte, ganz besondere Qualitäten, die sie unwiderstehlich attraktiv machen.

Neben den beiden anderen Hauptnährstoffen Eiweiß und Fett liefert uns der Burger vor allem eins: reichlich Kohlenhydrate. Die bringen schnell Energie, wie wir wissen, machen aber leider auch dick. No Carb oder Low Carb lauten daher so gut wie alle aktuellen Diätempfehlungen. No Carb ist allerdings dauerhaft ein echtes No-Go, denn unser Körper und vor allem unser Gehirn brauchen Kohlenhydrate, um richtig zu funktionieren. Und jeder, der einmal länger auf seine Pasta verzichtet hat, weiß: Ohne Carbs ist schlechte Laune vorprogrammiert. Daher greife ich lieber zu Brokkoli und Vollkornreis, einer perfekten Liaison aus Low und Slow Carbs.

Schnell zur Sache kommen …

Kohlenhydrate sind Zuckerverbindungen (erkennt man daran, dass sie süßlich schmecken). Sie kommen als Einfachzucker vor, beispielsweise als Saccharose (Haushaltszucker), Traubenzucker (Glukose) oder Fruchtzucker (Fruktose) in Früchten. Verbinden sich diese Zuckersingles zu Paaren, werden daraus Zweifachzucker oder in weiteren Verbindungen Mehrfachzucker (Polysaccharide). Dazu zählt etwa die Stärke in Kartoffeln und Getreide. Einfachzucker werden besonders rasch aufgeschlossen und über das Blut direkt in die Körperzellen transportiert, dabei steigt der Blutzuckerspiegel schnell an und fällt auch rasch wieder ab. Lange Kohlenhydratketten dagegen müssen im Darm erst von Verdauungsenzymen in Einfachzucker zerlegt werden. Das kann erst nach und nach geschehen, deshalb steigt der Blutzucker langsamer an. Gleichzeitig muss unsere Bauchspeicheldrüse weitaus weniger Insulin ausschütten, um den Blutzucker wieder zu normalisieren, als bei der Blitzattacke von Einfachzuckern. Konkret bedeutet das: Wir sind länger satt, bekommen nicht so schnell wieder Hunger.

Gemüse und vor allem alle grünen Sorten enthalten kaum Kohlenhydrate, sind also von Natur aus Low Carb. Wer sie geschickt mit anderen „langsamen" Kohlenhydraten kombiniert, ist schon so gut wie auf der schlanken Seite. Unverarbeitete Produkte aus vollem Korn, Nüsse und Samen sind hier die erste Wahl – so fällt auch ein Burger mit Vollkornbrötchen, jeder Menge Salat, Sprossen und Rohkost weniger ins Gewicht: Der Blutzucker steigt langsam und nicht so hoch, es wird weniger Insulin ausgeschüttet, wir sind lange satt, und Pfunde können schwinden.

DIRTY TALK

Magst Du lieber den Quickie im Stehen oder das langsame, genüssliche Vorspiel mit Knabbern, Schmecken, Riechen, das Einfach-mit-allen-Sinnen-Genießen? Schon der Akt des Essens entscheidet mit darüber, wie es Dir anschließend geht. Hastig heruntergeschlungen oder gut gekaut, unsere Nahrung wandert durch den Magen und landet im Darm. Was dort vor sich geht, ist für viele ein Tabu: Blähungen, Völlegefühl, Verstopfung oder Durchfall. Über all das, was auf stillen Örtchen geschieht, wird nicht gerne gesprochen. Dabei ist unser Darm ein äußerst sensibles Wesen, über das man ruhig mit etwas mehr Charme und Respekt sprechen sollte – er ist ein immens wichtiges Organ für Gesundheit, Figur, Lust und Wohlgefühl. Wer seinen Darm vernachlässigt, leidet früher oder später unter den Folgen: Müdigkeit, Schlappheit, unreine Haut bis hin zu Darmentzündungen.

Wie können wir unseren Darm bei seiner täglichen Arbeit unterstützen? Ganz einfach, wir müssen ihn auf Trab bringen, ohne ihn dabei zu überlasten. Dafür ist reichlich grüne Kost wie geschaffen: Sie steckt voller gesunder Ballaststoffe, wie das wenig charmante Zauberwort lautet. Gemüse, viele Früchte, Hülsenfrüchte und vollwertiges Getreide liefern unserem Körper reichlich unverdauliche, „langsame" Kohlenhydrate, die zwar nicht direkt in Energie umgewandelt werden können, aber trotzdem alles andere als unnötiger Ballast sind. Denn wenn wir üppig Pflanzenfasern und volles Korn essen, nehmen wir unserem Darm schon im Mund ein ganzes Stück Arbeit ab. Wir kauen länger und kräftiger, der Speichelfluss wird angeregt, und die darin vorhandenen Verdauungsenzyme werden aktiviert. Wir merken rechtzeitig, dass wir satt sind. Im Gegensatz dazu überlasten nur halb gekaute Nahrungsbrocken unseren Verdauungstrakt, denn sie werden oft in so rascher Folge verschlungen, dass der natürliche Sättigungsstopp nicht greifen kann.

Während andere verwertbare Inhaltsstoffe unserer Nahrung wie Stärke, Zucker oder Eiweiß bereits im Magen aufgespalten werden, gelangen die Ballaststoffe unverändert in den Dickdarm. Auf dem Weg dorthin nehmen sie viel Wasser auf, quellen und machen dadurch den Stuhl weicher. So können auch große Geschäfte ganz locker abgehen, schädliche Giftstoffe werden schneller ausgeschieden. Und: Auch wenn wir nicht direkt Energie daraus ziehen können, bestimmte Ballaststoffe werden von nützlichen Darmbakterien verwertet, die dabei helfen, das Immunsystem zu stärken.

EATING IN THE CITY

Stressiger Job in einer quirligen City, mit Freundinnen abhängen, exzessiv Rotwein trinken, rauchen, vergeblich auf Mr. Big hoffen, dabei glamourös aussehen und tollen Sex haben? Sorry, das gibt es leider nur in Hollywood. Im Alltag hinterlassen alltägliche Esssünden, die regelmäßig verpasste Sportstunde oder schlicht die ganz normale Hektik langfristig ihre Spuren an Haut, Haaren, Fitness und Stimmung – und machen uns anfällig für Krankheiten. Um das zu ändern, müssen wir einen Gang runterschalten, uns mehr bewegen, besser essen.

Zum Glück haben wir potente grüne Freunde. Sie helfen uns, den Alltag und seine Folgen besser zu bewältigen. Denn frisches Gemüse, Obst, Sprossen oder Algen enthalten wertvolle Antioxidantien, die uns gegen die alltäglichen Angriffe von außen wappnen – in Form von Vitaminen wie z. B. Vitamin C und E, Mineralstoffen wie Eisen, Zink und Selen sowie sekundären Pflanzenstoffen. Letztere sind Wirkstoffe, die nur in Pflanzen vorkommen und den Pflanzen selbst als Schutz vor Fressfeinden, Pilzbefall oder UV-Strahlung dienen. Sie helfen aber auch unserem Organismus, gesund und munter zu bleiben. Viele sekundäre Pflanzenstoffe sind noch weitgehend unerforscht, doch ihre Wirkungen sind erwiesen: antioxidativ, entzündungshemmend, blutdrucksenkend, immunabwehrstärkend, zellerneuernd … und, und, und. Grün ist also die beste und preiswerteste Medizin, perfekte Schönheitspflege und ein wirksames Anti-Aging-Mittel – einfach wahres Superfood.

I CAN'T GET NO SATISFACTION

Satt sein, nicht ständig Hunger haben, das ist der Schlüssel, um schlank und zufrieden zu werden. Wer ständig nur an das Eine denkt und sich von überall lauernden Gaumenfreuden verlocken lässt, hat verloren: Vier bis fünf Stunden Pause zwischen den Mahlzeiten sind nötig, damit sich der nach dem Essen gestiegene Insulinspiegel wieder normalisiert. Und erst bei konstant niedrigem Insulinspiegel greift unser Organismus freiwillig auf einmal gebunkerte Fettreserven zurück. Essen beziehungsweise „snacken" wir ständig, schwimmt stets Insulin im Blut, und wir haben keine Chance abzunehmen.

Drei Mahlzeiten am Tag reichen vollkommen und sind kein Problem mit den Rezepten in diesem Buch. Anfangs wirst Du Dich vielleicht sogar über die großen Mengen auf Deinem Teller wundern, aber die Zusammenstellungen aus viel Grün und anderen ballaststoffreichen Lebensmitteln tragen Dich problemlos über Hungerattacken hinweg und an Schnellimbissbuden vorbei. Falls Du dazwischen wirklich einmal akut Hunger hast: Greif zu Rohkoststicks mit Dip, ein paar Nüssen, einem Apfel, nimm ein paar Schlucke grünen Smoothie oder schlürfe eine Brühe. Und trinke reichlich – das vertreibt nicht nur den Hunger, sondern hilft den Ballaststoffen, ihre volle Wirkung zu entfalten. So kommen Darm, Verdauung und Gewicht wieder ins Lot.

ZUR SACHE, SCHÄTZCHEN

Wer grün essen will, muss kochen. Keine TK-Pizzas, kein Dosen-
futter, sondern geplant einkaufen, selbst schnippeln, schälen,
rühren. Klingt mühsam? Nein, sondern nach jeder Menge Spaß.

Auf die Auswahl Deines Essens solltest Du mindestens so viel Mühe verwenden wie auf die Deiner Liebhaber – und die findet man auch nicht in Imbissbuden oder fertig abgepackt beim Discounter. Fertigprodukten und Lebensmitteln mit allerlei Zusatzstoffen solltest Du getrost den Laufpass geben. Greif lieber beherzt zu Lebensmitteln, bei denen Du selbst Hand anlegen musst, damit sie Dir Vergnügen bereiten. Dein neues Jagdrevier beginnt deshalb in der Ge- müse- und Obstabteilung: Nimm möglichst saisonale Produkte, vorzugsweise aus regionalem Anbau. Alles, was Du Dir dort anlachst, sollte richtig frisch, knackig, prall und saftig sein. Kleine Schrunden, Flecken oder krumm Gewachsenes kannst Du in Kauf nehmen, denn un- gespritztes Charaktergemüse schlägt makellose Treibhausschönheiten um Längen. Wähle für Deine Küchenabenteuer lieber Natural Beauties, die Sonne, Wind und Wetter genossen haben und deshalb voller Vitalstoffe stecken.

Kaufe so oft wie möglich auf dem Markt ein, unterstütze Biobauern und regionale Händler – mache sie zu Deinen Verbündeten, die Dir gerne ihre beste Ware überlassen. Apropos: Gerade im Biobereich gibt es jede Menge (Altes neu) zu entdecken. Bauern pflanzen wieder vergessene Sorten an, denen nicht sämtliche Geschmacks- und damit häufig auch gesunden Inhaltsstoffe weggezüchtet wurden: kunterbunte alte Tomatensorten, Gurken und Auberginen mit anregen- dem Bitteraroma oder urige, würzige Kohlsorten. Bei Zeitmangel dürfen es zur Not auch mal Tiefkühlgemüse und Dosentomaten sein – denn beides ist meist optimal gereift, wurde rasch verarbeitet und ist damit manchmal sogar frischer als lange gelagertes Supermarktgemüse.

Roh, wie Gott es schuf

Schon ab etwa 42 °C werden beim Erhitzen von Gemüse viele wertvolle Inhaltsstoffe zer- stört. Daher empfiehlt es sich, täglich reichlich Rohkost zu essen und zu trinken, etwa in Form von Säften, Smoothies oder Salaten. Das ist die einfachste Form, grün zu essen, ganz ohne aufwendige Kocharien. Wer empfindlich ist, reagiert bei der Umstellung auf bal- laststoffreiche Grünkost eventuell vorübergehend mit Blähungen und Völlegefühl. In die- sem Fall stark blähende Gemüsesorten wie etwa Kohl oder Brokkoli nicht roh genießen, sondern dünsten oder in wenig Wasser blanchieren. Ansonsten gilt: Weißmehlprodukte schrittweise durch Vollkornerzeugnisse ersetzen, Nüsse über Nacht in Wasser vorquellen und jede Menge (Wasser) trinken – am besten gut 1 ½ Liter am Tag.

MACH'S EINFACH GRÜNER

Gemüse sollte in Deinen Mahlzeiten immer die Hauptrolle spielen – so wie in diesem Buch. Aber auch ansonsten lässt sich diese einfache Grundregel leicht umsetzen, frei nach dem Motto: Ein bisschen mehr geht immer. Funktioniere Dein Käsebrot zum grünen Sandwich um, packe Rohkost, Sprossen und Kresse dazu, iss Salat vor oder zum Essen oder mach ihn gleich zur satt machenden Hauptsache. Wer Warmes liebt, kommt mit einem Eintopf oder einer Gemüse Bowl schnell auf seine Kosten. Du kannst viele Gerichte in einem Topf kochen, manches schon am Tag vorher vorbereiten (etwa Overnight Oats) oder auf selbst angelegten Vorrat zurückgreifen – so funktioniert unkomplizierte grüne Alltagsküche. Keine Zeit, selbst zu kochen, oder viel unterwegs? Auch kein Problem: Achte darauf, dass gut die Hälfte bis zwei Drittel Deines Tellers mit Gemüse und/oder Salat gefüllt sind. Zu dieser Portion kannst Du etwa die Hälfte an Eiweiß packen, in Form von Milch- oder Sojaprodukten, Hülsenfrüchten und, wer sich nicht vegetarisch ernährt, Fisch und magerem Fleisch. Nur die Hälfte davon wiederum sollte für möglichst langsame Kohlenhydrate (Vollkorn!) reserviert bleiben. Nach dieser anschaulichen 3:2:1-Regel kannst Du auch ganz einfach in Restaurants oder in der Kantine grün essen.

RELAX AND JUST DO IT

Der Burger war stärker als Du? Die Schokolade zu verführerisch? Du hast gerade gelesen, dass Weizen dick und dumm macht? Mach Dich locker, entspann Dich – das ist wie in der Liebe auch beim Essen wesentlich. Du musst nicht alles richtig machen, nicht verzichten und jedem neuen (Ernährungs-)Trend folgen, der morgen vielleicht schon wieder out ist. Kleine Sünden und Ausrutscher sind nicht tragisch; den wenigsten Menschen gelingt es, ihr Leben und Essverhalten von heute auf morgen völlig umzustellen. Das sollst Du auch nicht: In vielen Rezepten wirst Du Altbekanntes und Geliebtes wiederfinden – allerdings wesentlich grüner. Genieße es und sei gleichzeitig neugierig auf Dir noch Unbekanntes oder vielleicht einfach nur Vergessenes. Erlebe rohe, ungebändigte Aromen, knabbere, knacke und schlürfe Gemüse in jeder Zubereitungsart, lass Dich von ungewohnten Kombinationen überraschen und würzigkräutergrünen Scharfmachern verführen. Werde selbst aktiv und schwinge den Kochlöffel, es könnte der Anfang einer langen, wunderbaren Leidenschaft werden.

GRÜNE SUPERSTARS ...

**Pflanzen wachsen und gedeihen, vom zarten Spross
über die Blüte bis zur reifen Frucht – und mit jedem Teil wächst
unsere Gesundheit. Hier die besten grünen Helden.**

SPROSSEN

Mit ihnen beginnt alles. Die Keimlinge unterschiedlichster Saaten haben bereits alle Inhaltsstoffe der späteren Pflanze geballt in sich: reichlich Vitamin C, A, E sowie B-Vitamine. Damit ist beispielsweise der Gehalt von krebsverhinderndem Sulforaphan in Brokkolisprossen fast 50-mal höher als im Gemüse selbst. Einfacher, frischer und preiswerter kommt man kaum an grüne Powerstoffe, denn alle Microgreens lassen sich ganz einfach selbst ziehen (siehe S. 22). Im Frühjahr sollte man sich an Spargel halten; der Riesenspross hat wenig Kalorien, lässt den Blutzucker kaum ansteigen und hilft Leber und Galle bei der Verdauungsarbeit. Sein Kaliumgehalt wirkt harntreibend und lindert deshalb Blasenleiden. Dabei ist es im Grunde egal, ob man weißen oder grünen Spargel bevorzugt. Allerdings hat der grüne den Vorteil, dass er nicht vollständig geschält werden muss, daher noch über alle direkt unter der Schale liegenden Inhaltsstoffe verfügt und auch als Rohkost fantastisch schmeckt. Und: Von alters her gilt Spargel als Aphrodisiakum – wahrscheinlich wegen seiner phallischen Form, vielleicht aber auch, weil Vitamin E die Ausschüttung von Sexualhormonen fördert.

GRÜN- UND ANDERER KOHL

Er versetzt Gesundheitsbewusste in den USA in Ekstase. Denkt man bei Grünkohl hierzulande an zerkochten Gemüsebrei mit Speck, wird der zum Superfood avancierte „Kale" in den Staaten eher roh, in Form schonend getrockneter Chips oder kurz blanchiert genossen. Ungegart ersetzen sein Protein- und Eisengehalt fast ein kleines Steak und sein Kalziumgehalt ein großes Glas Milch. Reichlich Vitamin A und E machen ihn zum Beautyfood, das Fältchen verhindert und Haare glänzen lässt. Aber vor allem sein hoher Chlorophyllgehalt und die Zahl wichtiger Antioxidantien machen ihn zum Spitzenreiter unter den grünen Gemüsen. Auch andere Kohlsorten stehen Grünkohl an gesunden Inhaltsstoffen in fast nichts nach. Jahreszeitlich passend sind Grün-, Schwarz-, Rosenkohl und Wirsing das Beste, um winterlichen Schnupfennasen vorzubeugen, rund 100 g davon decken bereits den täglich empfohlenen Vitamin-C-Bedarf. Und: Der hohe Ballaststoffanteil bei geringer Kalorienmenge macht Kohl zum idealen Schlankgemüse. Äußerst gesunde Blüten treibt Kohl in Form von Brokkoli, der als Mittel gegen Krebszellen Furore macht. Verantwortlich dafür ist der auch in Rosen- und Blumenkohl vorkommende sekundäre Pflanzenstoff Sulforaphan. Blumenkohl sieht in Sachen Gesundheit im Vergleich zu seinen grünen Brüdern allerdings reichlich blass aus: Lediglich beim Vitamin-B-Gehalt kann er mithalten.

... UND STERNCHEN

Je grüner, desto besser: Grün ist ein Indiz für reichlich Chlorophyll. Es verleiht Pflanzen nicht nur ihre besondere Farbe,
sondern lässt sie auch wachsen und gedeihen. Zusammen
mit den ebenfalls enthaltenen Vitaminen, Spurenelementen
und sekundären Pflanzenstoffen macht Chlorophyll
grünes Gemüse und Kräuter zu wahren Wundermitteln.

Blattsalat

Eine Schüssel Salat täglich hält nicht nur schlank, sondern auch den Doktor fern. Wie fast alle grünen Blatt-
gemüse steckt Blattsalat voller Vitalstoffe: Vitamin C,
die Vitamine A, B_1, B_2 und B_6, Magnesium, Folsäure,
jede Menge sekundäre Pflanzenstoffe und Chlorophyll.
Allerdings enthält nur frischer Freilandsalat Vitalstoffe in hoher Konzentration. Also: besser Treibhaus-
ware meiden und im Winter Feldsalat, Endivie, Chicorée
oder Radicchio wählen. Die beiden Letztgenannten enthalten zusätzlich den Bitterstoff Lactucopikrin, der die
Verdauung unterstützt.

(Brunnen-)Kresse

Im Gemüse-Ranking amerikanischer Wissenschaftler steht Brunnenkresse in Sachen Nährstoffdichte
im Moment auf Platz 1. Neben reichlich Kalzium
und Eisen enthalten Brunnenkresse, Gartenkresse
und Kapuzinerkresse ganz besondere Scharfmacher:
Senfölglykoside, sekundäre Pflanzenstoffe mit hoch-
antibakterieller Wirkung. Endlich ist gegen Schnup-
fen und Blasenentzündung ein Kraut gewachsen.

Kräuter

Sie sind mehr als nur Dekoration und nice to have. Alltägliche Kräuter wie Schnittlauch, Basilikum, Thymian oder Koriander sind richtige Heilkräuter. Sie enthalten viele sekundäre Pflanzenstoffe, die uns auf vielfältige Weise helfen, gesund zu bleiben. Luteolin ist beispielsweise so ein Zauberstoff, der in Petersilie, Minze und Rosmarin vorkommt. Er wirkt stark antioxidativ und entzündungshemmend. Also, darf's ein Sträußchen mehr sein?

Algen

In Asien macht man sich die Kraft der Meeresgemüse schon lange zunutze: Sie sind extrem reich an Chlorophyll, Protein, Omega-3-Fettsäuren, Beta-Carotinen und vor allem Jod, weshalb man sie auch nicht im Übermaß konsumieren sollte. Nori, Wakame, Kombu, Dulse und Arame gibt es in getrockneter Form, man muss sie vor der Verwendung gut waschen und quellen lassen. Manche Algen sind so verarbeitet, dass man sie direkt über Gerichte streuen kann. Als Superfood werden Chlorella- und Spirulina-Algen gepriesen, es gibt sie in Pulver- und Tablettenform.

Gurke

Sie wird meist unterschätzt: 97 Prozent Wasser steckt in einer Gurke – das allein prädestiniert sie schon zum Schlankmacher. Darüber hinaus enthält sie Kalium, Magnesium und mehrere B-Vitamine. Der größte Teil davon steckt direkt unter der Schale, weshalb sich ungeschälte Bio-Gurken empfehlen. Und: Mit Gurken küsst es sich entspannter, da sie Stoffe enthalten, die Bakterien im Mund unschädlich machen können.

Lauch

Nobelrestaurants verwenden häufig nur den weißen Teil der starken Stange, aber gerade im kräftigen Grün stecken hundertfach mehr Beta-Carotine. Außerdem liefert er reichlich Vitamin C und Spurenelemente. Wer Zwiebeln und Knoblauch nicht gut verträgt, sollte den milderen Lauch wählen. Alle drei Lauchgewächse enthalten Allicin: ein Stoff, der für den zwiebeligen Geruch verantwortlich ist und zudem antibakteriell und verdauungsfördernd wirkt.

Spinat & Mangold

Popeye war seiner Zeit voraus. Schwedische Wissenschaftler fanden heraus, dass Spinat den Muskelaufbau fördert – allerdings nur bei gleichzeitigem Training. Wie wär's also mit einem Spinat-Smoothie als Energiedrink im Fitnessstudio? Der hilft auch gegen Bärenhunger nach dem Sport. Denn auch das fand man in Schweden heraus: Spinat ist ein natürlicher Appetitzügler.

Avocado

Die Früchte werden stets roh gegessen und verfügen deshalb noch über alle wertvollen Inhaltsstoffe: reichlich gesunde ungesättigte Fettsäuren, die nicht einfach dick machen, sondern den Cholesterinspiegel senken können. In Kombi mit anderen Gemüsen und Früchten (z.B. in Smoothies oder Salaten) fördert dieses Fett die Aufnahme von Mineralien und der Vitamine A, D, E und K.

Artischocke

Die Blüte einer Distelpflanze ist ein Diätwunder: Sie besteht zu gut zehn Prozent aus Ballaststoffen. Weitere Inhaltsstoffe können den Cholesterinspiegel senken und Magen, Darm und Galle anregen, wodurch Fette besser verdaut werden. Auch wenn die meisten Nährstoffe in frischen Artischocken stecken: Ihre Verarbeitung ist aufwendig und rechtfertigt den Griff zu Dosenware.

(Stauden-)Sellerie

Machen Dich Stange oder Knolle auch so unverschämt an? Das könnte daran liegen, dass beide Geruchssubstanzen enthalten, die männlichen Sexuallockstoffen ähneln – vielleicht ein Grund, warum Sellerie schon von alters her als Liebesmittelchen gilt. Sellerie ist stets eine gute Wahl: Mit seinem hohen Kaliumgehalt entschlackt er hervorragend, pflegt die Magenschleimhaut und hilft bei Bluthochdruck. Da darf er doch ruhig ein wenig riechen!

SPROSSEN
SELBST ZIEHEN

**Immer schnell zur Hand und preiswert:
Selbst gezogene Keimlinge und Sprossen brauchen
nicht viel, außer ein wenig Geduld.**

Für das schnelle Keimen im Glas oder Keimgerät braust man die Samen auf einem Sieb gründlich mit kaltem Wasser ab. Dann gibt man sie in das Glas (höchstens ein Fünftel bis ein Viertel Füllhöhe, da sie ihr Volumen stark vergrößern) und begießt sie mit der dreifachen Menge kaltem Wasser. Das Glas mit einem grobmaschigen Baumwolltuch und einem Gummiband verschließen. Die Samen je nach Sorte und Packungsanweisung 4 bis 12 Stunden quellen lassen. Anschließend das Wasser durch das Tuch abgießen, die Samen kalt abspülen und das Wasser wieder abgießen. Das Glas umgedreht in ein Schälchen stellen – so liegen die Samen nicht im Wasser, bleiben aber schön feucht – und an einem warmen (etwa 20 °C), luftigen Ort (nicht in der Sonne oder über der Heizung) keimen lassen, dabei die Samen zwei- bis dreimal täglich kalt abspülen und das Wasser wieder abgießen. Das Keimglas ab und zu schütteln, damit die Samen locker liegen und nicht faulen. Nach 2 bis 8 Tagen kann geerntet werden. Die Keime abbrausen, bald verbrauchen oder in einem Plastikbeutel im Kühlschrank höchstens 3 Tage aufbewahren.

Für frische grüne Keimblättchen (Sprossen) legt man in einer flachen Schale gut durchfeuchtete Watte oder ein nasses Küchentuch aus. Darauf streut man gründlich gespülte feine Samen aus. Jetzt heißt es nur noch aufmerksam sein und gießen. Die Unterlage sollte gut nass sein, sie darf nicht austrocknen. Nach den ersten Keimen bilden sich schon bald Stiele mit den ersten Blättchen – jetzt sind die Microgreens erntereif.

Aus größeren, härteren Samen wie Erbsen, Sonnenblumen, Amarant und Rettich, aber auch aus Gerste und Weizen (für Schnittgras) lassen sich ebenfalls zarte Keimblätter ziehen, allerdings am besten in Erde. Dazu die Saaten in einem Keimglas wie beschrieben ankeimen. Dann die Keimlinge auf Erde in Pflanzschalen verteilen. Mit feuchtem Zeitungspapier oder einem feuchten Tuch abdecken und mit einem Wassersprüher zwei- bis dreimal täglich befeuchten. Wenn sich nach 3 bis 4 Tagen Wurzeln gebildet haben, die Abdeckung entfernen, die Keimlinge an einen hellen Ort stellen und regelmäßig gießen – dann kann bald mit der Schere geerntet werden.

Die Samen von Alfalfa, Radieschen, Rettich, Bockshornklee, Senf, Mungbohnen, Linsen, Getreide (Hafer, Weizen, Gerste) sind in Bioläden, Reformhäusern, Pflanzengeschäften und natürlich im Internet erhältlich.

Morgen-grün

Sie sorgen schon morgens für
den besonderen Kick, der Wangen rötet,
gute Laune macht und uns bis abends
durchhalten lässt: grüne Smoothies,
Drinks und Tees, die einen in der Thermos-
kanne überallhin begleiten. Auch perfekt
für den Hallo-wach-Effekt: fruchtige
Müslis, grüne Omelettes oder herzhafte
Sprossenbrote mit Aufstrich.

PERFECT GREEN SMOOTHIE MIT WEIZENGRAS

FÜR 2 PERSONEN
ZUBEREITUNG: 10 Min.
PRO PORTION: ca. 170 kcal

200 g Kopfsalat
1 kleines Büschel Weizengras
(oder 1 TL Weizen-
graspulver) *
1 Banane (ca. 100 g)
1 grüner Apfel
(z.B. Granny Smith; ca. 100 g)
300 ml Reisdrink
1 Spritzer Zitronensaft

Grüne Smoothies sollten nicht nach Gras schmecken. Deshalb kommt bei mir meist ein bisschen Obst mit in den Mixer. Ansonsten ist erlaubt, was schmeckt, möglichst gerade Saison hat und aus der Region stammt. Bio-Qualität muss nicht unbedingt sein, ist aber gut, weil alles mit Stumpf und Stiel bzw. Schale oder auch mal mit Wurzel verwendet werden kann. Außerdem bereichern frische Kräuter den Smoothie-Kosmos. Und: Treib es ruhig auch mal bunt – Smoothies müssen nicht immer (nur) grün sein!

1 Den Salat und das Weizengras putzen oder verlesen, waschen, trocken schütteln und grob schneiden oder zerzupfen. Die Banane schälen und in Stücke schneiden. Den Apfel waschen und vierteln, das Kerngehäuse entfernen und die Viertel in Stücke schneiden.

2 Salat, Weizengras, Obst und Reisdrink im Blender oder Hochleistungsmixer fein pürieren. Den Smoothie mit Zitronensaft abschmecken und auf Gläser verteilen.

TIPP

Nach einem einfachen Prinzip lassen sich ganz leicht eigene Grüne-Smoothie-Ideen umsetzen: 2 Teile grüne Blätter (oder zartes Gemüse) plus 1 Teil weiches Obst (ideal sind Mango, Banane, Ananas, aber auch Pfirsich oder Aprikose) plus 1 Teil hartes Obst oder Gemüse (wie Apfel, Birne, TK-Beeren, Bete, Brokkoli etc.) und 1½ Teile Flüssigkeit (Wasser oder Fruchtsaft, Getreide- oder Nussmilch).

* Weizen- oder Gerstengras kannst Du selbst ziehen (siehe S. 22) oder im Bioladen im Topf kaufen.

GRÜNE SMOOTHIES

Smoothie-Fans aufgepasst: Hier gibt es frisches Gemüse satt. Gewöhnungsbedürftig? Eigentlich nicht, denn eine Prise Vanille, cremige Getreidemilch oder ein Stück Banane sorgen nicht nur für zusätzliches Aroma, sondern auch für verführerische Smoothness. *

GREEN DELIGHT

100 g Brunnenkresse verlesen und waschen, **3 Blätter Römersalat** waschen und grob schneiden. **1 kleinen grünen Apfel** waschen und vierteln, das Kerngehäuse entfernen und die Viertel grob schneiden. **½ reife Mango** schälen und in Stücke schneiden. Die vorbereiteten Zutaten mit **150 ml Reisdrink** im Blender oder Hochleistungsmixer fein pürieren. Den Green-Delight-Smoothie auf Gläser verteilen.

GREEN WONDER

100 g Brokkoliröschen und **50 g Bio-Salatgurke** putzen, waschen und grob schneiden. **½ Bund Minze** und **6 Stiele Petersilie** waschen, trocken schütteln und samt Stielen grob schneiden. Alles mit **½ geschälten Banane** und dem **Saft von 1 Orange, 1 EL Limettensaft** sowie **1 Msp. Vanillemark** im Blender oder Hochleistungsmixer fein pürieren. Den Green-Wonder-Smoothie auf Gläser verteilen.

KING COCO KALE

Von **60 g geputztem Grünkohl** die dicken Blattrippen entfernen. Die Blätter waschen und grob schneiden. **1 Stange Staudensellerie** putzen, waschen und in grobe Stücke schneiden. **1 Stängel Zitronengras** putzen, die unteren 10 cm fein hacken. Die vorbereiteten Zutaten mit **125 ml Kokosdrink** im Blender oder Hochleistungsmixer fein pürieren. Den King-Coco-Kale-Smoothie auf Gläser verteilen.

*Die Rezepte ergeben jeweils 1 Glas. Wer seinen Gaumen schrittweise an Grüne Smoothies gewöhnen möchte, kann mit obsthaltigeren und damit süßeren Smoothie-Rezepten starten (siehe S. 30/31).

EMERALD FOREST MIT BIRNE

1 Die Birne waschen und vierteln, das Kerngehäuse entfernen und die Viertel in Würfel schneiden. Rucola und Mangold verlesen, waschen und trocken schütteln. Die Orange halbieren und den Saft auspressen.

2 Alle Zutaten im Blender oder Hochleistungsmixer fein pürieren und den Smoothie auf Gläser verteilen.

TIPP

Ich ersetze die Hälfte der Mangoldblätter gerne auch mal durch Brennnesselblätter. Brennnesseln sind besonders reich an Eisen – sie enthalten dreimal so viel wie Spinat –, das macht fit und schützt vor Müdigkeit und Erschöpfung. Wer Brennnesseln nicht in der Natur sammeln möchte, kann sie auch auf Wochen- und Biomärkten finden. Möglichst nur die zarten Triebe verwenden und mit Vorsicht behandeln, denn auch sie besitzen schon reichlich „Haare", die auf der Haut ordentlich brennen. Bei der Verarbeitung trägt man deshalb am besten Einweghandschuhe.

FÜR 2 PERSONEN
ZUBEREITUNG: 10 Min.
PRO PORTION: ca. 110 kcal

1 reife Williams-Christ-Birne
(ca. 200 g)
40 g Rucola
50 g Baby-Mangold
1 Orange

POWER-KICK MIT SPINAT

1 Die Gojibeeren mit 3 EL Wasser in einem Schälchen mischen und etwa 1 Stunde einweichen.

2 Den Spinat verlesen, waschen und abtropfen lassen. Die Avocado schälen und das Fruchtfleisch grob schneiden. Den Ingwer schälen und grob hacken. Die Weintrauben waschen und von den Stielen zupfen. Die Grapefruit schälen.

3 Die Gojibeeren mit den übrigen Zutaten und 4 Eiswürfeln im Blender oder Hochleistungsmixer fein pürieren. Den Smoothie auf Gläser verteilen.

TIPP

Gojibeeren machen inzwischen als Superfood von sich reden. In der chinesischen Medizin nutzt man sie schon lange, um das Yin zu stärken. Sie sollen nicht nur vor Erkältung schützen, sondern auch vor Impotenz und vorzeitigem Altern bewahren. Geschmacklich können Gojibeeren je nach Anbaugebiet stark variieren: Mal sind sie nur süß, dann haben sie eine säuerliche oder sogar bittere Note. Im Sommer nehme ich als Ersatz aus unseren Breiten gerne mal frische Rote oder Schwarze Johannisbeeren für diesen Smoothie.

FÜR 2 PERSONEN
ZUBEREITUNG: 10 Min.
QUELLEN: 1 Std.
PRO PORTION: ca. 100 kcal

1 EL Gojibeeren
40 g Baby-Spinat
½ Avocado
2 cm Ingwer
40 g grüne Weintrauben
½ Grapefruit

WAKE-UP-DRINKS

Ob morgens, mittags oder abends – diese Drinks machen im Nu wach, munter und fit! Je nach Laune und Lebenslage genießt man sie wohlig warm oder erfrischend kühl. ✳

GREEN CHAI

6 grüne Kardamomkapseln, 5 Gewürznelken, ½ Zimtstange und **6 schwarze Pfefferkörner** im Mörser zerstoßen und in einem Topf rösten. **3 cm Ingwer** im Mörser andrücken, mit **125 ml Wasser** dazugeben und 5 Minuten köcheln. **1 TL Rohrohrzucker** hinzufügen. **200 ml heiße Milch,** den durchgesiebten Gewürzsud und **½ TL Matchapulver** hinzufügen. Mit dem Schneebesen aufschlagen.

GREEN LATTE

¼ l Milch oder Sojamilch mit **1 Sternanis** und dem **Mark von ½ Vanilleschote** in einem Topf erhitzen und 3 bis 5 Minuten köcheln lassen. **1–2 TL Honig oder Agavendicksaft** unterrühren, vom Herd nehmen und die Mischung etwas abkühlen lassen. Den Sternanis entfernen und **½ TL Matchapulver** mit dem Schneebesen unterrühren. Den Green Latte mit dem Schneebesen schaumig aufschlagen.

GREEN FLU-KILLER

½ Bio-Limette heiß waschen, trocken reiben und 2 dünne Scheiben abschneiden, die restliche Frucht auspressen. **2 cm Ingwer** schälen und in Scheiben schneiden. **3 Stiele Minze** waschen. Alles in ein hitzebeständiges Glas geben und mit **¼ l frisch gebrühtem grünem Tee** übergießen. Nach Belieben mit **1 EL Kokosblütenzucker oder Agavensirup** süßen und den Flu-Killer 10 Minuten ziehen lassen.

✳ *Die Rezepte ergeben jeweils 1 Glas. Meine Favoriten sind grüne Muntermacher on the rocks: Dafür die Drinks einfach gekühlt mit Eiswürfeln oder Crushed Ice ins Glas geben.*

AVOCADO-ANANAS-SHAKE

1 Die Avocado halbieren und den Stein entfernen. Die Hälften schälen, das Fruchtfleisch in Stücke schneiden und mit dem Zitronensaft in einem hohen Rührbecher mischen. Das Ananasfruchtfleisch in kleine Stücke schneiden und dazugeben.

2 Die Vanilleschote längs aufschneiden und das Mark herauskratzen, mit dem Agavendicksaft und dem Kokosdrink in den Rührbecher geben. Alles mit dem Stabmixer fein pürieren. Den Shake auf Gläser verteilen und mit den Kakaonibs bestreuen.

TIPP

Ananas enthält wie viele andere Früchte reichlich Fruchtzucker (Fruktose). Dieser Einfachzucker ist, wenn er im Übermaß genossen wird, ungesund und ein Dickmacher. In isolierter, hoch konzentrierter, chemisch hergestellter Form versteckt sich Fruktose in zahllosen Fertigprodukten. Wer auf derartige Convenience-Produkte weitgehend verzichtet, darf sich ruhig täglich etwas Obst leisten: saure Sorten wie Zitrusfrüchte oder Äpfel sowieso, aber auch mal „Sweeties" wie Mango, Ananas oder Banane. Früchte stillen die Lust auf Süßes ganz natürlich und liefern dazu noch viele gesunde Inhalts- und Ballaststoffe.

FÜR 2 PERSONEN
ZUBEREITUNG: 10 Min.
PRO PORTION: ca. 210 kcal

1 Avocado
1 EL Zitronensaft
180 g Ananasfruchtfleisch
½ Vanilleschote
1–2 EL Agavendicksaft
400 ml Kokosdrink
2 EL Kakaonibs *

Naschen muss keine Sünde sein: Roher Kakao steckt voller Antioxidantien, bringt Energie und sorgt für Glücksgefühle.

BANANEN-MATCHA-SHAKE

1 Die Bananen schälen, in Stücke schneiden und mit dem Zitronensaft in einem hohen Rührbecher mischen. Die Sojamilch, Matcha, Zimt und Kardamom hinzufügen. Alles mit dem Stabmixer fein pürieren. Den Shake auf Gläser verteilen.

2 Die Minzeblätter waschen, trocken tupfen und den Shake damit dekorieren.

TIPP

Mit grünem Tee tut man sich immer etwas Gutes: Er enthält reichlich antioxidative Polyphenole, die unter anderem das Abnehmen unterstützen, indem sie den Zuckerstoffwechsel positiv beeinflussen. Matcha, der pulverisierte Grüntee, enthält Polyphenole in konzentrierter Form.

FÜR 2 PERSONEN
ZUBEREITUNG: 10 Min.
PRO PORTION: ca. 110 kcal

2 Bananen
2 EL Zitronensaft
200 ml Sojamilch (ersatzweise
Hafer- oder Nussmilch)
1 gestr. TL Matchapulver
2 Msp. Zimtpulver
3 Msp. Kardamompulver
Minzeblätter zum
Dekorieren

FRESH JUICES

Detox to drink: Ein Vitaminkick in Form von frischen Säften ist eine leichte Alternative zu sättigenden Smoothies. Besonders praktisch: Der Entsafter holt auch aus Gräsern, harten Gemüsen und Wurzeln im Nu alle gesunden Inhaltsstoffe heraus. *

SOMMER-WIESE

250 g Zuckermelone waschen und samt Schale grob schneiden, **100 g grüne Weintrauben** waschen und von den Stielen zupfen. **10 g Weizengras** und **3 Blätter Römersalat** waschen und trocken schütteln. Alle Zutaten mit **3 cm Ingwer** im Entsafter entsaften. Zuletzt **2 EL Limettensaft** unterrühren und den Saft auf Gläser verteilen.

ASIA-DETOX

30 g Kurkuma (ca. 2 Wurzelstücke) unter fließendem Wasser gründlich abbürsten und in Stücke schneiden. **70 g Rosenkohl oder Weißkohl, 1 Stange Staudensellerie** und **150 g Pak Choi** putzen, waschen und in grobe Stücke schneiden. Die vorbereiteten Zutaten mit **200 g Ananasfruchtfleisch** im Entsafter entsaften. Den Saft auf Gläser verteilen.

ERNTE-SEGEN

200 g Grünkohl und **1 Handvoll Feldsalat** putzen und waschen. Den Grünkohl grob schneiden. **1 Gelbe Bete** (ca. 90 g) und **1 kleinen Apfel** waschen und halbieren. **1 Möhre** (ca. 80 g) waschen und in grobe Stücke schneiden, **50 g grüne Weintrauben** waschen und von den Stielen zupfen. Alle Zutaten im Entsafter entsaften. Den Saft auf Gläser verteilen.

Die Rezepte ergeben jeweils 1 Glas. Kurkuma regt nicht nur den Magen, sondern vor allem auch die Leber an, unser wichtigstes Entgiftungsorgan.

SMOOTHIE BOWL
MIT KNUSPER-GRANOLA

FÜR 2 PERSONEN
ZUBEREITUNG: 25 Min.
BACKEN: 25 Min.
PRO PORTION: ca. 390 kcal

FÜR DAS GRANOLA:

50 g Mandeln
100 g Flocken (z.B. Dinkel-
flocken oder Flockenmischung)
je 1 EL Sonnenblumenkerne,
Sesam- und Hanfsamen
30 g Kokosraspel
¼ TL Zimtpulver
2 Msp. Ingwerpulver
3 EL Ahornsirup
3 EL Kokosöl

FÜR DIE SMOOTHIE BOWL:

300 g Römersalat
75 g Baby-Spinat
1 reife Mango (ca. 300 g)
2 getrocknete (Medjol-)Datteln
2–3 EL Limettensaft
125 g Himbeeren

1 Für das Granola den Backofen auf 180 °C vorheizen. Die Mandeln in grobe Stücke hacken oder halbieren und mit den Flocken, Kernen, Samen, Kokosraspeln, Zimt und Ingwer in einer Schüssel mischen. Den Ahornsirup und das Kokosöl (falls nötig, vorher schmelzen) mit einem Löffel unterrühren.

2 Die Mischung auf einem mit Backpapier ausgelegten Backblech gleichmäßig verteilen. Im Ofen (Umluft 160 °C) auf der mittleren Schiene 20 bis 25 Minuten goldbraun und duftend backen, dabei ein- oder zweimal durchrühren. Herausnehmen und auf dem Blech abkühlen lassen.

3 Für die Smoothie Bowl den Salat putzen, waschen und trocken schütteln. Den Strunk entfernen und die Blätter in breite Streifen schneiden. Den Spinat verlesen, waschen und abtropfen lassen. Die Mango schälen, das Fruchtfleisch auf den flachen Seiten vom Stein schneiden. Die Datteln halbieren, entkernen und grob schneiden.

4 Alle Zutaten mit dem Limettensaft im Blender oder Hochleistungsmixer fein pürieren und auf Schälchen verteilen. Die Himbeeren vorsichtig waschen und trocken tupfen. Die Beeren und jeweils 4 bis 6 EL Granola auf die Smoothies geben.

TIPP

Das übrige Granola einfach in ein verschließbares Vorratsglas füllen und nach Wunsch und Laune morgens mit Milch, Nussmilch oder Früchten auf Smoothie Bowls genießen.

HIRSEBREI MIT BANANE UND BEEREN

1 Die Vanilleschote längs aufschneiden, das Mark herauskratzen und mit der Schote, Hirse, Rosinen und 300 ml Wasser in einen Topf geben. Alles zum Kochen bringen und zugedeckt bei schwacher Hitze 10 bis 15 Minuten köcheln lassen, bis die Hirse das Wasser fast vollständig aufgesogen hat.

2 Die Macadamiamilch dazugießen und den Hirsebrei weitere 5 bis 10 Minuten quellen lassen, dabei gegen Ende der Garzeit die Herdplatte ausschalten.

3 Inzwischen die Bananen schälen, in Scheiben schneiden und mit dem Zitronensaft mischen. Die Heidelbeeren waschen und abtropfen lassen. Gut die Hälfte der Bananen unter die warme Hirse mischen. Den Hirsebrei auf Schälchen verteilen, die übrigen Bananen und die Heidelbeeren daraufgeben.

TIPP

Warum denn in die Ferne schweifen? Nicht nur Quinoa aus den Anden, auch Hirse aus unseren Landen bietet glutenfreien Genuss, reichlich Eiweiß und ist leicht verdaulich. Zudem sorgt Hirse für schöne Haut, glänzende Haare und feste Fingernägel.

FÜR 2 PERSONEN
ZUBEREITUNG: 30 Min.
GAREN: 25 Min.
PRO PORTION: ca. 510 kcal

½ Vanilleschote
180 g Hirse
1 EL Rosinen
¼ l Macadamiamilch (oder andere Nussmilch)
2 Bananen
1 EL Zitronensaft
125 g Heidelbeeren

OVERNIGHT-OATS MIT KOKOS

1 Am Vorabend die Flocken mit Kokosraspeln, Hanfsamen, Cranberrys und dem Kokosdrink in einem verschließbaren Gefäß mischen und über Nacht im Kühlschrank ziehen lassen.

2 Am nächsten Tag die Orange mit einem scharfen Messer so großzügig schälen, dass auch die weiße Haut mit entfernt wird. Die Orange vierteln und in feine Scheiben schneiden. Das Ananasfruchtfleisch ebenfalls in feine Scheiben schneiden.

3 Die Overnight-Oats durchrühren, auf Schälchen verteilen und das Obst darauf anrichten. Mit den Kakaonibs bestreuen.

TIPP

Ob einen im Sommer gerade saftige Pfirsiche anlachen oder im Herbst Zwetschgen und Trauben – kein Problem: Das Topping dieses Müslis kann man ganz nach Angebot, Lust und Laune variieren.

FÜR 2 PERSONEN
ZUBEREITUNG: 10 Min.
QUELLEN: 12 Std.
PRO PORTION: ca. 370 kcal

6 EL Flocken (z. B. Quinoaflocken)
3 EL Kokosraspel
1 EL Hanfsamen
2 EL getrocknete Cranberrys
180 ml Kokosdrink
1 Orange
120 g Ananasfruchtfleisch
1 EL Kakaonibs

OVERNIGHT-OATS MIT BEEREN

1 Am Vorabend die Flocken mit Leinsamen, Rosinen, 2 EL Erdmandel- oder Haselnussblättchen, Vanillemark, Mandelmilch und nach Belieben 1 EL Honig oder Ahornsirup in einem verschließbaren Gefäß mischen. Die Mischung im Kühlschrank über Nacht ziehen lassen.

2 Am nächsten Tag den Apfel waschen, vierteln und das Kerngehäuse entfernen. Die Viertel grob raspeln, mit dem Zitronensaft mischen und unter die Flockenmischung rühren. Die Oats auf Schälchen verteilen.

3 Die Beeren waschen, trocken tupfen und auf den Oats verteilen. Die Pistazien grob hacken, mit dem Weizen- oder Gerstengraspulver und den übrigen Erdmandel- oder Haselnussblättchen auf die Oats streuen.

TIPP

Was lange währt, wird Superfood: Leinsamen hat ähnliche Quelleigenschaften wie Chia und steht dem Maya-Superkorn in Sachen gesunder Wirkstoffe in nichts nach. Damit die Leinsamen ihre Wirkung voll entfalten, sollte man sie am besten schroten oder zumindest gut kauen.

FÜR 2 PERSONEN
ZUBEREITUNG: 10 Min.
QUELLEN: 12 Std.
PRO PORTION: ca. 270 kcal

4 EL Drei-Korn-Flocken
1 EL (Gold-)Leinsamen
1 EL Rosinen
3 EL Erdmandel- oder
Haselnussblättchen
Mark von ¼ Vanilleschote
125 ml Mandelmilch
1 kleiner Apfel
1 TL Zitronensaft
125 g gemischte Beeren
1 EL geschälte Pistazienkerne
1 gestr. TL Weizen- oder
Gerstengraspulver

KOKOS-PANCAKES MIT GRÜNEM SIRUP

FÜR 2 PERSONEN
ZUBEREITUNG: 30 Min.
PRO PORTION: ca. 500 kcal

FÜR DIE PANCAKES:

1 EL Kokosöl
100 ml Kokosdrink (oder andere Nuss-/Getreidemilch)
1 Ei (ersatzweise 1 EL Sojamehl)
80 g Dinkelvollkornmehl
Salz
¼ TL Backpulver
Kokosöl zum Braten

FÜR DEN SIRUP:

3–4 EL Ahornsirup
1 EL Tahin (Sesampaste)
¼ TL Spirulina-Pulver (Algenpulver; aus dem Bioladen)

AUSSERDEM:

1 Banane
1 TL Zitronensaft
1 Kiwi
125 g Heidelbeeren

1 Für die Pancakes das Kokosöl, falls nötig, in einem Topf bei schwacher Hitze schmelzen. Kokosöl, Kokosdrink und Ei mit dem Schneebesen in einer Schüssel verquirlen. Mehl mit 1 Prise Salz und Backpulver mischen, in die Schüssel geben und alles zu einem glatten Teig verrühren. Den Teig 15 Minuten quellen lassen.

2 Inzwischen für den Sirup den Ahornsirup mit dem Tahin verrühren und das Spirulina-Pulver gründlich unterrühren. Die Banane schälen, in Scheiben schneiden und mit dem Zitronensaft mischen. Die Kiwi schälen und ebenfalls in Scheiben schneiden. Die Heidelbeeren waschen und trocken tupfen.

3 Etwas Kokosöl in einer großen Pfanne (oder zwei kleineren Pfannen) erhitzen. Den Teig esslöffelweise hineingeben und zu etwa 8 runden Küchlein verstreichen. Bei mittlerer Hitze 2 bis 4 Minuten braten, bis die Oberseite fest ist, dann wenden und die Küchlein auf der anderen Seite ebenfalls goldbraun braten. Die Pancakes noch warm mit Obst und Sirup servieren.

TIPP

Der grüne Sirup macht die Pancakes süß. Du kannst aber auch auf ihn verzichten und stattdessen einfach 1–2 EL Ahornsirup oder Agavendicksaft unter den Teig rühren. Manchmal verteile ich auf dem flüssigen Teig in der Pfanne ein paar Bananenscheiben und Heidelbeeren (auch tiefgekühlte) und backe das Obst gleich mit.
Wenn Du für den Teig anstelle des Eis Sojamehl verwendest, werden die Pancakes zu einem veganen Frühstück.

GRÜNE AUFSTRICHE

Ganz viel Gesundes auf einen Streich: Nicht nur auf Brot schmecken diese Gemüsecremes genial, sondern auch als Dip zu Rohkost oder als cremige Unterlage in Veggie-Wraps. *

GREEK FETA-CREME

2 EL Pinienkerne in einer Pfanne goldbraun rösten. **1 Knoblauchzehe** schälen und grob hacken. **100 g Feta** und **120 g Artischockenherzen (in Öl)** grob schneiden. Alles mit **3 EL gehackter Petersilie**, **1 EL gehacktem Dill** und **1 EL Olivenöl** in einem hohen Rührbecher mit dem Stabmixer pürieren. Mit **Salz**, **Pfeffer** und **Chiliflocken** würzen.

AVOCADO-CREME

1 Avocado halbieren und den Stein entfernen, das Fruchtfleisch schälen, mit **2 EL Limettensaft** beträufeln und mit einer Gabel zerdrücken. **1 Tomate** waschen und fein würfeln. **2 Frühlingszwiebeln** putzen, waschen und in feine Ringe schneiden. Alles mischen und mit **Salz**, **Pfeffer**, **½ TL gemahlenem Kreuzkümmel** und **Limettensaft** würzen.

JAPANESE SPREAD

1 Schalotte und **2 cm Ingwer** schälen und fein würfeln. **1 EL Olivenöl** erhitzen, die Schalotte darin andünsten. Mit Ingwer, **150 g TK-Edamame** und **150 ml Gemüsebrühe** zugedeckt 10 Minuten dünsten. Mit **1 TL Wasabipulver**, **2 Spritzern Zitronensaft**, **Salz** und **Pfeffer** würzen, abkühlen lassen. In einem hohen Rührbecher mit dem Stabmixer pürieren.

*Jedes Rezept ergibt 3 bis 4 Portionen. Frisch zubereitet, sind die Cremes natürlich am allerbesten, aber sie überstehen auch 2 bis 3 Tage im Kühlschrank tadellos.

SPROSSEN-SAATEN-BROT MIT SAUERTEIG

FÜR 2 BROTE (À CA. 850 G; JEWEILS CA. 18 SCHEIBEN)
ZUBEREITUNG: 45 Min.
QUELLEN: 12 Std.
RUHEN: 1 Std.
BACKEN: 35 Min.
PRO SCHEIBE: ca. 130 kcal

je 50 g (roter) Quinoa, Sesamsamen, Leinsamen, Kürbiskerne, Sonnenblumenkerne und Hirse
200 g gekeimter Weizen (oder Roggen)
3 EL Gerstenmalzextrakt (aus dem Bioladen)
½ Würfel Hefe (ca. 21 g)
400 g Dinkelmehl (Type 630)
200 g Dinkelvollkornmehl
2 TL Salz (15 g)
10 g Sauerteigextraktpulver (oder 50 g flüssiger Sauerteig)
150 g Magerquark
Mehl zum Arbeiten

1 Am Vorabend die Quinoa auf einem Sieb heiß abbrausen, um die Bitterstoffe auszuwaschen. Quinoa und die anderen Samen und Getreidekörner in einer Schüssel mischen und mit ¼ l kochendem Wasser übergießen. Die Saatenmischung zugedeckt über Nacht (mindestens 12 Stunden) ziehen lassen.

2 Am nächsten Tag den gekeim-ten Weizen auf einem Sieb mit kaltem Wasser abbrausen und abtropfen lassen. Die Saatenmischung mit gut 2 EL Gerstenmalzextrakt mischen. Die Hefe in einem Schälchen mit dem übrigen Malzextrakt und 100 ml lauwarmem Wasser verrühren. Beide Mehlsorten, Salz und Sauerteigpulver in einer Rührschüssel mischen (alternativ flüssigen Sauerteig mit der Hefe mischen). Quark, Hefeansatz und 100 ml lauwarmes Wasser dazugeben und alles mit den Knethaken des Handrührgeräts auf kleiner Stufe etwa 4 Minuten verkneten. Den Teig weitere 4 Minuten auf hoher Stufe kneten, dabei esslöffelweise die Saatenmischung und zuletzt den gekeimten Weizen hinzufügen.

3 Den Teig auf der mit Mehl bestäubten Arbeitsfläche zu einer Kugel kneten und mit einem Küchentuch bedeckt etwa 30 Minuten gehen lassen, dabei ein- oder zweimal leicht flach drücken, die Ränder nach innen schlagen und wieder eine Kugel formen. Dann aus dem Teig zwei Laibe formen und mit Mehl bestäuben. Die Laibe auf ein mit Backpapier ausgelegtes Blech legen und mit dem Küchentuch bedeckt weitere 30 Minuten gehen lassen.

4 Den Backofen auf 250 °C (Umluft ist nicht empfehlenswert) vorheizen, dabei ein mit Wasser gefülltes tiefes Backblech mit erhitzen. Das Blech wieder herausnehmen, die Brote sofort auf die mittlere Schiene schieben und 10 Minuten backen. Die Temperatur auf 210 °C reduzieren und die Brote 30 bis 35 Minuten dunkelbraun backen (sie sollten hohl klingen, wenn man auf die Unterseite klopft). Herausnehmen und abkühlen lassen.

GEMÜSE-SPROSSEN-MÜSLI MIT FRISCHKÄSE

FÜR 2 PERSONEN
ZUBEREITUNG: 20 Min.
PRO PORTION: ca. 340 kcal

1 Bio-Landgurke
(oder ½ Bio-Salatgurke)
1 Möhre
1 kleine Avocado
1 TL Zitronensaft
6 Cocktailtomaten
Salz, Pfeffer aus der Mühle
1 Bund Kräuter (Frühlings-
kräuter oder „Kräuter für
grüne Sauce")
2 Frühlingszwiebeln
100 g Weizen- oder Linsensprossen (siehe S. 22)
150 g körniger Frischkäse
1 Kästchen Kresse
2 EL Olivenöl

Du willst schlank in den Tag starten? Dann solltest Du Deinem üblichen Flockenmüsli unbedingt mal mit dieser Fit-and-beautiful-Rohkost untreu werden: Gekeimtes Getreide, frische Kresse und viel knackiges Gemüse bringen Dich morgens auf die leichte Tour in Fahrt.

1 Die Gurke waschen und längs vierteln, die Kerne entfernen und die Viertel in kleine Stücke schneiden. Die Möhre schälen und grob raspeln.

2 Die Avocado halbieren und den Stein entfernen, das Frucht-fleisch schälen, in kleine Würfel schneiden und mit dem Zitronen-saft mischen. Die Tomaten waschen und vierteln. Die vorbereiteten Zutaten mischen und mit Salz und Pfeffer würzen. Auf zwei Schäl-chen oder Teller verteilen.

3 Die Kräuter waschen, trocken schütteln und nicht zu fein ha-cken. Die Frühlingszwiebeln putzen und waschen, den weißen und grünen Teil getrennt in feine Ringe schneiden. Die Sprossen gründlich abbrausen und abtropfen lassen. Den Frischkäse mit den Sprossen, den weißen Zwiebelringen und gut einem Drittel der Kräuter verrühren. Die Mischung mit Salz und Pfeffer würzen und auf dem Gemüse verteilen.

4 Die Kresse vom Beet schneiden und mit den grünen Zwiebel-ringen und den übrigen Kräutern auf die Frischkäsemischung streuen. Das Öl darüberträufeln. Wer's gerne scharf mag, streut noch Chiliflocken auf das Müsli.

TIPP

Das Gemüse variiere ich je nach Jahreszeit und Marktangebot. An-stelle von Frischkäse passt auch Quark, Joghurt oder Sojajoghurt gut.

GRÜNES OMELETTE MIT ERBSEN

1 Die Frühlingszwiebeln putzen und waschen, den weißen und grünen Teil getrennt in feine Ringe schneiden. ½ EL Öl in einer Pfanne oder einem Topf erhitzen und die weißen Zwiebelringe darin andünsten. Die Erbsen untermischen, die Brühe angießen und offen köcheln lassen, bis die Flüssigkeit vollständig verkocht ist.

2 Inzwischen die Kräuter waschen und trocken schütteln, die Blätter abzupfen und getrennt fein hacken. Den Estragon unter die Erbsen rühren, auf einen Teller geben und etwas abkühlen lassen.

3 Für die Omelettemasse 1 Ei aufschlagen und Eiweiß und -gelb trennen. Das Eiweiß und 1 Prise Salz mit den Quirlen des Handrührgeräts zu steifem Schnee schlagen. Das Eigelb und die übrigen Eier verquirlen und mit Salz, Pfeffer und Muskatnuss würzen. Den Eischnee unterheben.

4 Das übrige Öl in der Pfanne erhitzen und die Eier darin bei mittlerer Hitze garen, dabei die Masse immer wieder von den Rändern zur Mitte hin zusammenschieben. Sobald das Omelette leicht zu stocken beginnt, Erbsen, Zwiebelgrün und Kerbel darauf verteilen und das Omelette fertig garen. Das Omelette nach Belieben zusammenklappen, halbieren und auf Teller verteilen.

TIPP

So wertvoll wie ein kleines Steak – deshalb sollten sich Veggie-Queens dieses Omelette ruhig auch schon morgens schmecken lassen: Erbsen liefern jede Menge Eiweiß und Aminosäuren, die in Verbindung mit Ei optimal aufgeschlossen werden – die Zauberformel für Muskeln und schönes Haar.

FÜR 2 PERSONEN
ZUBEREITUNG: 25 Min.
PRO PORTION: ca. 360 kcal

4 Frühlingszwiebeln
1½ EL Olivenöl
150 g Erbsen (frisch oder TK)
100 ml Gemüsebrühe
2 Stiele Estragon
1 Handvoll Kerbel ✳
4 Eier
Salz, Pfeffer aus der Mühle
frisch geriebene Muskatnuss

✳ Kerbel ist ein echtes Beauty-Kraut: Mit reichlich Vitamin A und C, Eisen, Zink und Magnesium sorgt es unter anderem für glatte Haut.

Blatt für Blatt

Hier enthüllen Salate und jede Menge anderes frisches Grün ihr gesundes Geheimnis. Sie präsentieren sich von sanft bis wild, mal richtig roh und immer unverschämt verführerisch: kunterbunt gemischt in vollen Schüsseln oder aufregend verpackt in Wraps, Sandwiches und Burger-Brötchen.

DREIERLEI ERBSENSALAT MIT KARTOFFELN

FÜR 2 PERSONEN
ZUBEREITUNG: 30 Min.
KÜHLEN: 2 Std.
PRO PORTION: ca. 710 kcal

FÜR DAS DRESSING:

1 Knoblauchzehe
125 ml Milch
1 Kugel Mozzarella (ca. 125 g)
3 EL Olivenöl
Salz, Pfeffer aus der Mühle
1–2 Msp. Chiliflocken

FÜR DEN SALAT:

400 g kleine festkochende
Frühkartoffeln
200 g Zuckerschoten, Salz
200 g Erbsen (frisch oder TK)
½ Bio-Zitrone
Pfeffer aus der Mühle
3 Frühlingszwiebeln
2 Handvoll Erbsensprossen
(siehe S. 22)
1 Handvoll Kerbel
3 Stiele Basilikum
5 Stiele Estragon

1 Für das Dressing den Knoblauch schälen und halbieren, mit der Milch in einem kleinen Topf zum Kochen bringen und bei schwacher Hitze etwa 3 Minuten köcheln lassen. Den Mozzarella in kleine Würfel schneiden. Die Milch vom Herd nehmen, den Mozzarella unterrühren und 5 Minuten ziehen lassen. Das Öl hinzufügen und alles mit dem Stabmixer fein pürieren. Das Dressing kräftig mit Salz, Pfeffer und Chiliflocken würzen und zugedeckt im Kühlschrank etwa 2 Stunden ziehen lassen.

2 Inzwischen für den Salat die Kartoffeln waschen und mit Wasser bedeckt 15 bis 20 Minuten garen (oder dämpfen). Anschließend ausdampfen lassen und noch warm mit Schale in etwa 1 cm dicke Scheiben schneiden.

3 Die Zuckerschoten waschen und die Enden abknipsen. In einem Topf Salzwasser aufkochen, die Erbsen und Zuckerschoten darin 1 bis 3 Minuten bissfest garen. In ein Sieb abgießen und kalt abschrecken, gut abtropfen lassen und in eine Salatschüssel geben. Die Zitrone heiß waschen und trocken reiben, die Schale fein abreiben und den Saft auspressen. Zitronenschale und 2 EL Zitronensaft zur Erbsen-Zuckerschoten-Mischung geben und mit Salz und Pfeffer würzen.

4 Die Frühlingszwiebeln putzen, waschen und mit dem Grün in dicke Ringe schneiden. Die Erbsensprossen auf einem Sieb abbrausen und abtropfen lassen. Die Kräuter waschen, trocken schütteln und grob zerzupfen oder schneiden. Kartoffeln, Sprossen und Kräuter zur Erbsenmischung geben, das Dressing darüberträufeln und nach Belieben mit Chiliflocken bestreuen. Den Salat kurz vor dem Servieren vorsichtig mischen.

SPARGELSALAT MIT ZIEGENKÄSE

1 Den Spargel waschen und holzige Enden großzügig abschneiden. Von den Stangen mit dem Sparschäler von unten zur Spitze hin feine Streifen abziehen (das ist anfangs etwas mühsam, klappt aber nach zwei, drei Stangen immer besser). Die Streifen in einer Schüssel mit Salz und Pfeffer würzen.

2 Die Pinienkerne in einer Pfanne ohne Fett goldbraun rösten und auf einem Teller abkühlen lassen. Postelein und Rucola verlesen, waschen und trocken schütteln. Grobe Stiele entfernen und den Rucola, falls nötig, grob zerzupfen.

3 Die Erdbeeren waschen, putzen und längs in dicke Scheiben schneiden. Die Kräuter waschen und trocken schütteln. Den Kerbel zerzupfen und vom Estragon die Blättchen abzupfen. Zitronensaft und Öl mit Salz und Pfeffer zu einem Dressing verrühren, nach Belieben noch 1 EL Haselnussöl untermischen.

4 Spargel, Postelein, Rucola, Erdbeeren, Kräuter und Dressing in einer Schüssel mischen und mit Pinienkernen bestreuen. Den Ziegenkäse in Nocken daraufgeben.

TIPP

Postelein oder Winterportulak ist ein wirklicher Wintersalat, das heißt, er muss nicht im Treibhaus angebaut werden – ideale Voraussetzung für eine geballte Nährstofflieferung an Kalium, Magnesium und Eisen. Seine Hauptsaison hat Postelein von November bis April.

FÜR 2 PERSONEN
ZUBEREITUNG: 25 Min.
PRO PORTION: ca. 420 kcal

500 g grüner Spargel
Salz, Pfeffer aus der Mühle
2 EL Pinienkerne
2 Handvoll Postelein (ersatzweise Babyleaves oder Wildkräutermischung)
1 Bund Rucola
125 g Erdbeeren
1 Handvoll Kerbel
4 Stiele Estragon
2–3 EL Zitronensaft
3 EL Olivenöl
125 g cremiger Ziegenfrischkäse

GURKENSALAT MIT MELONE

1 Die Gurke waschen und mit dem Spiralschneider in lange Spaghetti schneiden (alternativ: Gurke längs halbieren und in dünne Scheiben schneiden). Beide Melonen schälen und die Kerne entfernen, das Fruchtfleisch in kleine Stücke schneiden. Gurke und Melonen in einer Schüssel mischen.

2 Den Feta zerzupfen und auf dem Salat verteilen. Sesam und Kürbiskerne in einer Pfanne ohne Fett rösten, bis sie duften, und auf einem Teller abkühlen lassen. Die Kräuter waschen und trocken schütteln, die Blätter abzupfen und grob zerschneiden oder zerzupfen. Die Kräuter ebenfalls über den Salat streuen.

3 Essig, Limettensaft, Honig, Salz und Pfeffer verrühren. Das Öl unterschlagen und das Dressing über den Salat träufeln. Sesam und Kürbiskerne darüber verteilen und den Salat mit Shichimi Togarashi bestreuen.

TIPP

Wenn's richtig heiß hergeht und man völlig ausgepowert ist, ist dieser Salat die Rettung: Gurke & Melone sind kalorienarm und wirken isotonisch, sie bringen also im Nu Energie und Mineralstoffe in unseren Kreislauf. Shichimi Togarashi ist eine scharfe japanische Gewürzmischung auf der Basis von Chilischoten. Ihr besonderes Aroma erhält sie durch Mandarinenschalen, Sesam-, Mohn- und Hanfsamen, Sansho (einen Verwandten des Szechuanpfeffers) sowie Nori-Algen.

FÜR 2 PERSONEN
ZUBEREITUNG: 25 Min.
PRO PORTION: ca. 480 kcal

1 kleine Bio-Salatgurke
¼ Galiamelone
1 Stück Wassermelone (ca. 350 g)
150 g Feta
je 1 EL Sesamsamen und
Kürbiskerne
je 5 Stiele Minze und
Basilikum
2 EL Reisessig
2 EL Limettensaft, ½ TL Honig
Salz, Pfeffer aus der Mühle
2–3 EL geröstetes Sesamöl
Shichimi Togarashi (oder
Chiliflocken; siehe Tipp)

GURKENSALAT MIT GERÖSTETEN KICHERERBSEN

FÜR 2 PERSONEN
ZUBEREITUNG: 20 Min.
GAREN: 40 Min.
PRO PORTION: ca. 350 kcal

1 Dose Kichererbsen
(ca. 240 g Abtropfgewicht)
1 Knoblauchzehe
1 EL Olivenöl
1 TL Garam Masala
2–3 Msp. Chilipulver
Salz, Pfeffer aus der Mühle
1 Bund Koriander
6 Blätter Minze
150 g Naturjoghurt
½ TL gemahlener Kreuz-
kümmel
1 Bio-Salatgurke
1 Bund Radieschen
4 Eiertomaten
2 EL Zitronensaft

1 Den Backofen auf 200 °C vorheizen. Die Kichererbsen in ein Sieb abgießen, kalt abbrausen und abtropfen lassen. Den Knoblauch schälen und durchpressen. Die Kichererbsen mit der Hälfte des Knoblauchs, Öl, Garam Masala und Chilipulver mischen, kräftig mit Salz und Pfeffer würzen und auf einem mit Backpapier ausgelegten Blech verteilen. Die Kichererbsen im Ofen (Umluft 180 °C) auf der mittleren Schiene 30 bis 40 Minuten knusprig rösten, dabei mehrmals durchrühren.

2 Inzwischen die Kräuter waschen und trocken schütteln, die Korianderblätter abzupfen und mit den Minzeblättern fein hacken. Den Joghurt mit der Hälfte der Kräuter und dem übrigen Knoblauch verrühren, mit Kreuzkümmel, Salz und Pfeffer würzen.

3 Die Gurke waschen, längs vierteln und in Scheiben schneiden. Die Radieschen putzen, waschen und in Scheiben schneiden. Die Tomaten waschen und in Scheiben schneiden, dabei die Stielansätze entfernen. Gurke, Radieschen und Tomaten in einer Schüssel mit dem Zitronensaft mischen. Mit Salz und Pfeffer würzen und die übrigen Kräuter untermischen.

4 Die Kichererbsen etwas abkühlen lassen. Dann auf das Gemüse geben und den Salat mit dem Kräuterjoghurt servieren.

TIPP

Geröstete Kichererbsen sind eine gesunde Alternative zu Chips und anderem Knabberzeug: Proteine satt, super Slow Carb mit jeder Menge Ballaststoffen und reich an Folsäure, Eisen, Kupfer und Zink. Kurz gesagt: Kichererbsen sind Superfood für Haut, Haare und Knochen. Also am besten gleich mehr davon zubereiten und großzügig mit Garam Masala mischen, die „heiße" Gewürzmischung macht nämlich richtig an.

FRÜHLINGSSALAT MIT BRUNNENKRESSE

1 Die Eier in kochendem Wasser 10 Minuten hart kochen, kalt abschrecken, pellen und in Viertel schneiden. Die Möhre und den Kohlrabi putzen (die zarten Kohlrabiblätter beiseitelegen), waschen, schälen und auf der Küchenreibe in feine Stifte (Julienne) raspeln. Die Kohlrabiblätter waschen, trocken schütteln und in feine Streifen schneiden.

2 Die Radieschen putzen (die zarten Blätter beiseitelegen), waschen und in dünne Scheiben schneiden. Die Radieschenblätter waschen, trocken schütteln und in feine Streifen schneiden. Die Brunnenkresse verlesen, waschen und trocken schleudern. Die Sprossen auf einem Sieb abbrausen und abtropfen lassen.

3 Die Kürbiskerne in einer Pfanne ohne Fett rösten und auf einem Teller abkühlen lassen. Den Ahornsirup mit Essig, 2 EL Wasser und Senf verrühren. Die Mischung mit Salz und Pfeffer würzen und das Öl unterschlagen. Möhre, Kohlrabi und Radieschen (jeweils mit den zarten Blättern) sowie Brunnenkresse in einer Schüssel mit dem Dressing mischen. Mit Salz und Pfeffer abschmecken. Den Salat mit den Eiern belegen und mit den Sprossen und Kürbiskernen bestreuen.

TIPP

Wenn Frühlingsgefühle erwachen, sollten Eier auf dem Speiseplan stehen! Sie garantieren maximale Energie in jeder Lebens- und Liebeslage, denn jedes verzehrte Gramm Ei kann unser Körper exakt in dieselbe Menge körpereigenes Eiweiß umwandeln – das nennt man 100 Prozent biologische Wertigkeit. Außer Vitamin C liefern die kleinen Kraftpakete so gut wie alle anderen Vitamine und zahlreiche Spurenelemente. Am meisten Powerstoffe enthalten übrigens Eier von Hühnern, die frei laufend alles fressen können, was ihnen vor den Schnabel kommt.

FÜR 2 PERSONEN
ZUBEREITUNG: 25 Min.
PRO PORTION: ca. 570 kcal

3 Eier
1 dicke Möhre
1 kleiner Kohlrabi
1 Bund Radieschen
1 Bund Brunnenkresse
100 g Rote-Bete-Sprossen
(oder rote Sango-Rettich-
sprossen)
2 EL Kürbiskerne
1 EL Ahornsirup
2 EL Weißweinessig
1 TL Senf
Salz, Pfeffer aus der Mühle
5 EL Olivenöl

DRESS-UPS

Der Schlankheitstipp schlechthin: vor oder zu jedem Essen eine Extraportion Salat genießen! Das macht satt, ist gesund und schmeckt unglaublich lecker. Dabei ist es egal, ob man Blattsalate oder Gemüserohkost wählt: Hauptsache, gut angemacht! *

WHITE HERBS

1 Handvoll gemischte Salatkräuter (z.B. Schnittlauch, Petersilie, Basilikum, Dill) waschen, trocken schütteln und schneiden. Mit **125 ml Buttermilch, ½ TL Senf, 1½ EL Apfelessig** und **3 EL Olivenöl** in einem hohen Rührbecher mit dem Stabmixer pürieren. Mit **Salz, Pfeffer** und nach Belieben etwas **Ahornsirup** würzen. Das Dressing passt super zu Blattsalaten und Rohkost, aber auch zu Kartoffelsalat.

KRÄUTER-VINAIGRETTE

1 TL Senf, 2 EL Essig (Weißwein-, Rotwein- oder Apfelessig), **Salz, Pfeffer** und nach Belieben **2–3 EL Wasser** verrühren. Dann nach und nach **3–5 EL Olivenöl** unterschlagen. **2–4 EL gehackte Salatkräuter** (z.B. Schnittlauch, Petersilie, Basilikum, Dill) untermischen. Diese Allround-Vinaigrette passt natürlich zu Blattsalaten, aber auch zu jeglicher Rohkost.

AVOCA-DONNAISE

½ reife Avocado halbieren, den Stein entfernen, das Fruchtfleisch herauslösen und in einen hohen Rührbecher geben. **1 EL Zitronensaft, ½ TL Senf, Salz, Pfeffer, 1 EL grob geschnittene Petersilienblätter** und **2 EL Kürbiskernöl** dazugeben. Alle Zutaten mit dem Stabmixer zu einer cremig-festen Masse pürieren. Die Avocadonnaise passt als Dressing zu Rohkost aller Art, schmeckt aber auch als Dip.

*Die Rezepte sind für jeweils 2 bis 4 Portionen Salat.
Damit Blattsalate richtig an- und nicht vorzeitig schlappmachen, werden sie immer erst kurz vor dem Servieren mit dem Dressing gemischt.*

BROTSALAT MIT SCHWARZKOHL UND ARTISCHOCKEN

FÜR 2 PERSONEN
ZUBEREITUNG: 30 Min.
GAREN: 40 Min.
PRO PORTION: ca. 500 kcal

FÜR DEN SALAT:

100 g Baguette oder Fladenbrot
(am besten vom Vortag)
Saft von 1 Zitrone
6 kleine Artischocken
(à ca. 180 g; ersatzweise
1 Fenchelknolle)
1 kleine Aubergine (ca. 200 g)
1 große Knoblauchzehe
3 EL Olivenöl
Salz, Pfeffer aus der Mühle
120 g Schwarzkohlblätter
2 Tomatenpaprika (oder 1 rote
Paprikaschote)
300 g gelbe und rote Cocktailtomaten
1 Bund Basilikum
8 schwarze Oliven

FÜR DIE VINAIGRETTE:

1 TL Honig
2 EL Rotweinessig
Salz, Pfeffer aus der Mühle
3 EL Olivenöl

1 Für den Salat den Backofen auf 200 °C vorheizen. Das Brot in 2 bis 3 cm große Würfel schneiden und auf einem Backblech im Ofen auf der mittleren Schiene 10 bis 15 Minuten goldbraun rösten.

2 Inzwischen die Hälfte des Zitronensafts mit ½ l Wasser mischen. Von den Artischocken die harten Blattspitzen abschneiden, die äußeren sehr harten Blätter entfernen. Die Stiele kurz abschneiden und schälen. Die Artischocken längs vierteln und eventuell vorhandenes „Heu" mit einem Löffel herauskratzen. Die Viertel sofort in das Zitronenwasser legen. (Alternativ den Fenchel putzen, waschen und vierteln, die Viertel in etwa 2 cm große Stücke schneiden.) Die Aubergine putzen, waschen und in etwa 2 cm große Würfel schneiden. Den Knoblauch schälen, durchpressen und mit dem Öl in einer ofenfesten Form verrühren.

3 Die Artischocken abgießen und leicht trocken tupfen, mit der Aubergine im Knoblauchöl wenden und mit Salz und Pfeffer würzen. Die Gemüsemischung im Ofen auf der mittleren Schiene 20 bis 25 Minuten garen, dabei ein- oder zweimal durchrühren.

4 Inzwischen den Schwarzkohl waschen, trocken schütteln, dicke Stiele entfernen und die Blätter quer in 5 mm breite Streifen schneiden. Mit 2 Prisen Salz und übrigem Zitronensaft durchkneten. Tomatenpaprika längs halbieren, entkernen, waschen und in Streifen schneiden. Tomaten waschen und halbieren. Beides mit dem Kohl mischen, mit Salz und Pfeffer bestreuen. Basilikum waschen und trocken schütteln, Blätter abzupfen und grob schneiden.

5 Für die Vinaigrette Honig, Essig, Salz und Pfeffer verrühren, das Öl unterschlagen. Das Gemüse aus dem Ofen nehmen und leicht abkühlen lassen. Dann mit der Vinaigrette und den Oliven zum Schwarzkohl geben und alles mischen. Zuletzt Brot und Basilikum unterheben und den Salat 10 Minuten ziehen lassen.

BROKKOLI-SPINAT-SALAT MIT SESAM-DRESSING

FÜR 2 PERSONEN
ZUBEREITUNG: 25 Min.
PRO PORTION: ca. 420 kcal

FÜR DAS DRESSING:

3 EL Tahin (Sesampaste)
2 TL Misopaste
Saft von je 1 Zitrone und
Orange
Salz, Pfeffer aus der Mühle
½–1 TL scharfe Chilisauce
(z.B. Sriracha)

FÜR DEN SALAT:

300 g Brokkoli (ohne Strunk)
1 kleine gelbe Paprikaschote
1 Möhre
2 Stangen Staudensellerie
80 g Baby-Spinat
1 kleine Avocado
1 Bund Schnittlauch
Salz, Pfeffer aus der Mühle

1 Für das Dressing Tahin und Misopaste mit Zitronen- und Orangensaft sowie 1 bis 3 EL Wasser (je nach gewünschter Konsistenz) verrühren. Mit Salz, Pfeffer und Chilisauce abschmecken.

2 Für den Salat den Brokkoli waschen und in kleine Röschen teilen oder große Röschen in Scheiben schneiden. Die Paprikaschote längs halbieren, entkernen, waschen und in etwa 1 cm große Würfel schneiden. Die Möhre schälen und grob raspeln. Den Sellerie putzen, waschen und in dünne Scheiben schneiden. Den Spinat verlesen, waschen und abtropfen lassen. Die Avocado halbieren und den Stein entfernen, das Fruchtfleisch schälen und in etwa 1 cm große Würfel schneiden. Den Schnittlauch waschen, trocken schütteln und in breite Röllchen schneiden.

3 Brokkoli, Paprika, Möhre und Sellerie in einer Schüssel leicht mit Salz und Pfeffer würzen und mit dem Dressing mischen. Spinat, Avocado und Schnittlauch vorsichtig unterheben. Wer mag, mischt zum Schluss noch 4 EL Brokkolisprossen unter den Salat.

TIPP

In Japan halten nicht Äpfel, sondern Gerichte mit Miso sprichwörtlich den Doktor fern. Misopaste aus fermentierten Sojabohnen fördert eine gesunde Magen-Darm-Flora – allerdings nur, wenn man sie nicht zu hoch erhitzt (deshalb stets nur in lauwarme Flüssigkeiten rühren). Je nach Sorte besteht Misopaste ausschließlich aus Sojabohnen oder aus einer Mischung aus Sojabohnen und Reis oder Gerste.

BOHNENSALAT MIT QUINOA UND MANGOLD

1 Für den Salat den Backofen auf 200 °C vorheizen. Die Quinoa auf einem Sieb heiß abbrausen, um die Bitterstoffe auszuwaschen. In einem Topf mit 150 ml Salzwasser etwa 20 Minuten garen, dann zugedeckt auf der ausgeschalteten Herdplatte quellen lassen.

2 Inzwischen die Haselnüsse auf einem Backblech verteilen und im Ofen auf der mittleren Schiene 10 bis 12 Minuten braun rösten. Die Nüsse in ein Geschirrtuch schlagen und im Tuch gegeneinanderreiben, sodass sich die dunklen Häute lösen. Die Nüsse auskühlen lassen und mit einem scharfen Messer halbieren.

3 Die Bohnen putzen, waschen und in Salzwasser 7 bis 10 Minuten bissfest garen. In ein Sieb abgießen und kurz mit kaltem Wasser abschrecken. Den Mangold verlesen, waschen und trocken schleudern. Die Zwiebel schälen und in feine Würfel schneiden. Den Estragon waschen und trocken schütteln, die Blättchen abzupfen und hacken.

4 Für das Dressing Senf, Ahornsirup, Essig, Salz und Pfeffer verrühren und das Öl unterschlagen. Quinoa und Bohnen (beides darf noch lauwarm sein) mit den Haselnüssen, der Zwiebel und dem Dressing mischen. Den Salat mit Salz und Pfeffer abschmecken und den Mangold mit den Kräutern unterheben.

TIPP

Kleine Körner, große Wirkung: Quinoa ist Superfood für alle, die sich vegetarisch, vegan oder glutenfrei ernähren wollen. Die Inka-Körner liefern alles, was wir zum Gesundbleiben brauchen – reichlich Eiweiß, essenzielle Aminosäuren, Mineralien und Spurenelemente.

FÜR 2 PERSONEN
ZUBEREITUNG: 40 Min.
PRO PORTION: ca. 660 kcal

FÜR DEN SALAT:

70 g rote Quinoa
Salz
40 g Haselnusskerne
500 g grüne Bohnen
100 g Baby-Mangold
1 rote Zwiebel
3 Stiele Estragon
Pfeffer aus der Mühle
je 2 geh. EL gehackter Dill
und Petersilie

FÜR DAS DRESSING:

1½ TL körniger Senf
1½ TL Ahornsirup
3 EL Weißweinessig
Salz, Pfeffer aus der Mühle
5 EL Olivenöl

GRÜNKOHL-AVOCADO-SALAT MIT ZITRUSFRÜCHTEN

FÜR 2 PERSONEN
ZUBEREITUNG: 30 Min.
GAREN: 1 Std.
PRO PORTION: ca. 880 kcal

FÜR DAS DRESSING:

1 Bio-Orange
2–3 EL Weißweinessig
2 EL Honig
1 Msp. Safranpulver
2 EL Olivenöl
Salz, Pfeffer aus der Mühle

FÜR DEN SALAT:

250 g zarte Grünkohlblätter
2 EL Zitronensaft
Salz
je 1 Orange und Blutorange
1 Mandarine
180 g Topinambur
1 Avocado
200 g Halloumi
(griech. Grillkäse)
2 EL Olivenöl

1 Für das Dressing die Orange heiß waschen und die Enden großzügig abschneiden, dann längs halbieren und in 5 mm dicke Scheiben schneiden, dabei die Kerne entfernen. Die Orangenstücke mit 1 EL Essig, Honig, Safran und etwa 200 ml Wasser in einem Topf offen bei schwacher Hitze etwa 1 Stunde köcheln lassen, bis die Flüssigkeit sirupartig eingekocht ist und die Orangen ganz weich sind. Falls nötig, während des Kochens noch etwas Wasser dazugeben. Die Orangen im Sirup abkühlen lassen.

2 Für den Salat den Grünkohl putzen und waschen, dicke Blattrippen entfernen und die Blätter längs in sehr feine Streifen schneiden. Den Grünkohl in einer Schüssel mit 1 EL Zitronensaft und Salz leicht durchkneten.

3 Die Orangen so großzügig schälen, dass auch die weiße Haut mit entfernt wird. Die Orangen längs halbieren und die Hälften quer in dünne Scheiben schneiden. Die Mandarine schälen und die einzelnen Segmente in Stücke schneiden. Die Topinambur waschen, in Scheiben hobeln und mit dem restlichen Zitronensaft mischen. Die Avocado halbieren und den Stein entfernen, das Fruchtfleisch schälen und längs in schmale Scheiben schneiden. Avocado, Zitrusfrüchte und Topinambur zum Grünkohl geben.

4 Die gekochten Orangenstücke samt Sirup mit dem Stabmixer fein pürieren. 3 EL Orangenpüree mit dem übrigen Essig, dem Öl und so viel Wasser verrühren, dass ein dickliches Dressing entsteht. Mit Salz und Pfeffer würzen.

5 Den Halloumi in Würfel schneiden. Das Öl in einer Pfanne erhitzen und den Käse darin rundherum goldbraun braten. Den Salat vorsichtig mit dem Dressing mischen, mit Salz und Pfeffer abschmecken. Den Halloumi auf dem Salat verteilen.

LAUWARMER LINSENSALAT MIT RADICCHIO

FÜR 2 PERSONEN
ZUBEREITUNG: 25 Min.
GAREN: 30 Min.
PRO PORTION: ca. 580 kcal

FÜR DEN SALAT:

125 g grüne Linsen
(Le-Puy-Linsen; siehe Tipp)
1 Schalotte
1 EL Olivenöl
¼ l Gemüsebrühe
3 kleine bunte Beten
(oder Rote Beten)
1 kleiner Radicchio
1 Handvoll Feldsalat
6 Stiele Dill
½ Bund Petersilie
Salz, Pfeffer aus der Mühle

FÜR DAS DRESSING:

1 EL Senf
2 EL Ahornsirup
2–3 EL Sherryessig
Salz, Pfeffer aus der Mühle
2 EL Olivenöl
2 EL Haselnussöl

1 Für den Salat die Linsen auf einem Sieb kalt abbrausen und abtropfen lassen. Die Schalotte schälen und in feine Würfel schneiden. Das Öl in einem Topf erhitzen und die Schalotte darin andünsten, die Linsen und die Brühe hinzufügen. Die Linsen zugedeckt bei schwacher Hitze 30 Minuten garen.

2 Inzwischen für das Dressing Senf, Ahornsirup, Essig, Salz und Pfeffer verrühren und die Öle unterschlagen. Die Linsen in ein Sieb abgießen, in einer Schüssel mit dem Dressing mischen und lauwarm abkühlen lassen.

3 Die Beten schälen und in dünne Scheiben hobeln (dabei am besten Einweghandschuhe tragen, die Knollen färben stark ab). Den Radicchio und Feldsalat putzen, waschen und trocken schleudern. Den Radicchio in sehr feine Streifen schneiden. Die Kräuter waschen und trocken schütteln, die Dillspitzen und Petersilienblätter abzupfen und grob hacken. Alles mit den Linsen mischen und mit Salz und Pfeffer abschmecken.

TIPP

Dem besonderen Klima ihres Herkunftsorts Le Puy verdanken die gleichnamigen Linsen ihre Besonderheit: Sie sind noch „grün", also nicht völlig ausgereift. Deshalb enthalten sie weniger Stärke, sprich weniger Kohlenhydrate, und bleiben beim Garen schön fest.

BUNTER SPÄTSOMMERSALAT MIT ROTER BETE

1 Für den Salat die Möhre und die Pastinake schälen und grob raspeln. Von der Roten Bete das Grün abschneiden und waschen, die Stiele entfernen und die Blätter in feine Streifen schneiden. Die Rote Bete schälen und ebenfalls grob raspeln (dabei am besten Einweghandschuhe tragen, die Knollen färben stark ab).

2 Die gekeimten Mungbohnen auf einem Sieb abbrausen und abtropfen lassen. Die Petersilie waschen und trocken schütteln, die Blätter abzupfen und grob schneiden. Die Brombeeren waschen und abtropfen lassen.

3 Die Sonnenblumenkerne und Walnüsse in einer Pfanne ohne Fett rösten und auf einem Teller abkühlen lassen. Die Walnüsse grob hacken. Alle Zutaten in eine Schüssel geben.

4 Für das Dressing den Essig mit Salz und Pfeffer verrühren und das Öl unterschlagen. Die gesamten Zutaten mit dem Dressing mischen und mit Salz und Pfeffer abschmecken.

TIPP

Rote-Bete-Knollen halten Magen, Darm, Galle und Herz gesund. Sie enthalten zudem Betain, das für gute Laune sorgt. Die meisten Vitalstoffe stecken im Grün und in den ungegarten Knollen – also bei diesem Salat doppelt zugreifen!

FÜR 2 PERSONEN
ZUBEREITUNG: 30 Min.
PRO PORTION: ca. 440 kcal

FÜR DEN SALAT:

1 dicke Möhre
1 kleine Pastinake
1 Rote Bete mit Grün
(siehe Tipp)
50 g gekeimte Mungbohnen
1 Bund Petersilie
125 g Brombeeren
2 EL Sonnenblumenkerne
30 g Walnusskerne
Salz, Pfeffer aus der Mühle

FÜR DAS DRESSING:

2 EL Balsamico bianco
Salz, Pfeffer aus der Mühle
3 EL Olivenöl

CEASAR'S WINTERSALAD MIT GRÜNKOHL

Das ist Liebe auf den ersten Biss: Grünkohl ist so herrlich knackig und viel temperamentvoller, als die meisten denken. Hier präsentiert er sich als Latin Lover mit Italo-Parmesan-Charme und gebräunten Pinienkernen: Just fall in love!

1 Für den Salat den Grünkohl waschen und trocken schütteln, die dicken Blattrippen entfernen. Die Blätter nicht zu fein zerzupfen und in einer Schüssel mit Salz, Pfeffer und 1 EL Zitronensaft durchkneten. Den Grünkohl etwa 1 Stunde ziehen lassen.

2 Für das Dressing sollten alle Zutaten Zimmertemperatur haben. Den Estragon waschen und trocken schütteln, die Blättchen abzupfen und fein hacken. Den Knoblauch schälen und in einen hohen Rührbecher pressen. Ei, Senf, 80 ml Olivenöl und das Kürbiskernöl hinzufügen. Alles mit dem Stabmixer zu einer cremigen Mayonnaise aufschlagen und dabei, falls nötig, noch etwas Olivenöl dazugeben. Das Dressing mit Zitronensaft, Salz und Pfeffer würzen. Den Estragon unterrühren.

3 Die Pinienkerne in einer Pfanne ohne Fett goldbraun rösten und auf einem Teller abkühlen lassen. Den Sellerie putzen, waschen und in dünne Scheiben schneiden. Die Pastinake schälen und grob raspeln. Den Apfel waschen, vierteln und das Kerngehäuse entfernen. Die Viertel in Stücke schneiden. Apfel und Sellerie mit dem übrigen Zitronensaft mischen und mit dem Sellerie zum Grünkohl geben.

4 Das Dressing und den Parmesan mit dem Salat mischen. Mit Salz, Pfeffer und nach Belieben mit Zitronensaft abschmecken. Den Salat mit den Pinienkernen bestreut servieren.

FÜR 2 PERSONEN
ZUBEREITUNG: 30 Min.
RUHEN: 1 Std.
PRO PORTION: ca. 770 kcal

FÜR DEN SALAT:

350 g zarte Grünkohlblätter
Salz, Pfeffer aus der Mühle
2 EL Zitronensaft
1 EL Pinienkerne
3 Stangen Staudensellerie
1 Pastinake (ca. 80 g)
1 Apfel (z.B. Granny Smith)
2 EL geriebener Parmesan

FÜR DAS DRESSING:

2 Stiele Estragon
1 kleine Knoblauchzehe
1 Ei (Größe S)
1 TL Senf
80–100 ml Olivenöl
2 EL Kürbiskernöl
2 EL Zitronensaft
Salz, Pfeffer aus der Mühle

FRÜHLINGSRÖLLCHEN MIT MANDARINEN-DIP

FÜR 2 PERSONEN
ZUBEREITUNG: 50 Min.
PRO PORTION: ca. 470 kcal

FÜR DIE RÖLLCHEN:

1 Bund Brunnenkresse
(oder 100 g Babyleaves =
Mini-Salatblätter)
ca. 100 g Ananasfruchtfleisch
1 dicke Möhre
1 Bio-Mini-Gurke
50 g Rote-Bete-Sprossen
2 Frühlingszwiebeln
2 Stiele Thai-Basilikum
2 EL Sesamsamen
150 g Räuchertofu
1 TL Tamari (Sojasauce)
8 Reispapierblätter
(à ca. 22 cm Durchmesser)

FÜR DEN DIP:

½ rote Chilischote
3 EL Limettensaft
4 EL frisch gepresster
Mandarinensaft
1 TL Ahornsirup
1½ EL Tamari (Sojasauce)
1½ TL Reisessig

1 Für die Röllchen die Brunnenkresse verlesen, waschen und trocken schleudern. Das Ananasfruchtfleisch in kleine Würfel schneiden. Die Möhre schälen und längs in feine Scheiben schneiden oder hobeln, die Scheiben längs in dünne Streifen schneiden. Die Gurke waschen, quer halbieren und längs vierteln. Die Kerne entfernen und die Gurkenviertel längs in dünne Streifen schneiden.

2 Die Sprossen auf einem Sieb abbrausen und abtropfen lassen. Die Frühlingszwiebeln putzen, waschen und in feine Ringe schneiden. Das Thai-Basilikum waschen und trocken schütteln, die Blätter abzupfen und grob schneiden. Die Sesamsamen in einer Pfanne ohne Fett rösten, bis sie duften. Den Tofu zuerst in Scheiben, dann längs in dünne Streifen schneiden und mit Tamari mischen.

3 Einen tiefen Teller mit lauwarmem Wasser füllen und die Reispapierblätter nacheinander so lange hineinlegen, bis sie weich sind. Die Reispapierblätter auf Küchentüchern auslegen und je etwas Gemüse, Ananas, Sprossen, Brunnenkresse, Frühlingszwiebeln, Tofu und Basilikum in die Mitte geben. Die Füllung mit etwas Sesam bestreuen. Die Reispapierblätter jeweils links und rechts über die Füllung schlagen, dann von unten nach oben aufrollen und dabei die Füllung etwas in Form drücken.

4 Für den Dip die Chilischote längs halbieren, entkernen, waschen und in feine Würfel schneiden. Limetten- und Mandarinensaft mit Ahornsirup, Tamari, Essig, 4 bis 5 EL Wasser und Chili verrühren. Den Mandarinen-Dip nach Belieben kurz ziehen lassen und mit den Frühlingsröllchen servieren.

BÁNH MÌ MIT GLASIERTEM TEMPEH

1 Für den Tempeh den Knoblauch schälen, durchpressen und mit Sojasauce, Ahornsirup, Essig, Chilisauce und Orangensaft verrühren. Den Tempeh in etwa 1 cm dicke Scheiben schneiden.

2 Für die Tofunaise den Koriander waschen, trocken schütteln und die Blätter abzupfen. Den Knoblauch schälen und in einen hohen Rührbecher pressen. Den Tofu in Stücke schneiden und mit Koriander, Öl und Limettensaft zum Knoblauch geben. Alles mit dem Stabmixer pürieren, mit Salz und Pfeffer würzen.

3 Reichlich Öl in einer Pfanne erhitzen und die Tempehscheiben darin auf beiden Seiten jeweils 3 bis 5 Minuten goldbraun und knusprig braten. Aus der Pfanne nehmen und auf Küchenpapier abtropfen lassen. Das Bratfett aus der Pfanne wischen und die Orangensaftmischung hineingeben. Aufkochen und dann leicht sirupartig einkochen lassen. Mit Salz würzen und die Tempehscheiben hineinlegen. Die Flüssigkeit einköcheln lassen, dabei den Tempeh mehrmals wenden, bis er mit dem Sirup überzogen ist.

4 Inzwischen die Baguettebrötchen quer aufschneiden und die Schnittflächen mit Tofunaise bestreichen. Salat und Kräuter waschen und trocken schütteln. Den Salat etwas kleiner zupfen, von den Kräuterstielen die Blätter abzupfen. Die Kräuter mit den gut abgetropften Pickles mischen. Die unteren Brötchenhälften mit Salat und Tempehscheiben belegen und die Pickles darauf verteilen. Die oberen Hälften auflegen und leicht andrücken.

TIPP

Wenn ich keine Zeit habe, um Pickles zu machen, nehme ich einfach fein geschnittene Gurken- und Radieschen- oder Rettichscheiben, die ich vorher leicht mit Salz und Pfeffer würze.

FÜR 2 PERSONEN
ZUBEREITUNG: 40 Min.
PRO PORTION: ca. 800 kcal

FÜR DEN TEMPEH:

½ Knoblauchzehe
2 TL Tamari (Sojasauce)
3 TL Ahornsirup
2 TL Reis- oder Weißweinessig
1 TL Chilisauce (z. B. Sriracha)
Saft von 2 Orangen
200 g Tempeh
Olivenöl zum Braten, Salz

FÜR DIE TOFUNAISE:

½ Bund Koriander
½ Knoblauchzehe
200 g Seidentofu, 3 EL Olivenöl
1½ TL Limettensaft
Salz, Pfeffer aus der Mühle

AUSSERDEM:

2 Baguettebrötchen
8 Salatblätter
½ Bund Koriander
4 Stiele Minze
½ Portion Asia-Pickles
(siehe S. 146 und Tipp)

BOMBAY-SANDWICH MIT KORIANDER-CHUTNEY

FÜR 2 PERSONEN
ZUBEREITUNG: 50 Min.
QUELLEN: 12 Std.
PRO PORTION: ca. 630 kcal

FÜR DIE SANDWICHES:

80 g getrocknete Mungbohnen
Salz
2 mehligkochende Kartoffeln
1 gegarte Rote Bete
1 dicke Möhre, ¼ Bio-Gurke
4 cm Ingwer, ½ Knoblauchzehe
1 TL Garam Masala
¾ TL gemahlener Kreuzkümmel
½ TL gemahlene Kurkuma
1 EL gehackter Koriander
Pfeffer aus der Mühle
2–3 EL Kichererbsenmehl
2–3 EL Öl zum Braten
4 Scheiben Vollkorntoast

FÜR DAS CHUTNEY:

20 g Minze
50 g Koriander
½ Knoblauchzehe
1 grüne Chilischote
40 g Kokosnussfleisch
2 EL Zitronensaft
Salz, Pfeffer aus der Mühle

1 Am Vorabend für die Sandwiches die Mungbohnen in reichlich Wasser einweichen. Am nächsten Tag die Bohnen in ein Sieb abgießen und mit ¼ l Wasser in einem Topf 25 bis 30 Minuten garen (sie sollten nicht zerfallen). Zum Schluss die Bohnen mit Salz würzen, in ein Sieb abgießen, abtropfen und abkühlen lassen. Parallel zu den Mungbohnen die gewaschenen Kartoffeln in Salzwasser 20 bis 25 Minuten weich garen. Abgießen und lauwarm abkühlen lassen.

2 Inzwischen für das Chutney Minze und Koriander waschen, trocken schütteln und grobe Stiele entfernen. Die Kräuter grob schneiden. Den Knoblauch schälen. Die Chilischote putzen, waschen und samt Kernen klein schneiden. Das Kokosnussfleisch grob schneiden. Alles mit Zitronensaft und 3 bis 5 EL Wasser im Blitzhacker pürieren und mit Salz und Pfeffer würzen.

3 Die Rote Bete in dünne Scheiben schneiden. Die Möhre schälen und mit dem Sparschäler längs dünne Streifen abziehen. Die Gurke waschen und in dünne Scheiben schneiden. Die Kartoffeln pellen und mit einer Gabel fein zerdrücken. Die Bohnen mit einer Gabel grob zerdrücken. Ingwer und Knoblauch schälen und in feine Würfel schneiden. Alles mit Gewürzen und Koriander in einer Schüssel mischen. Mit Salz und Pfeffer kräftig würzen und so viel Kichererbsenmehl untermischen, dass die Masse gut bindet. Etwa 15 Minuten ruhen lassen, dann aus der Masse 8 flache Pattys formen.

4 In einer Pfanne etwas Öl erhitzen und die Burger darin portionsweise auf beiden Seiten etwa 10 Minuten braun braten. Den Toast rösten und jeweils mit etwas Chutney bestreichen. Zwei Toasts mit Gurken belegen, je 1 Patty daraufgeben, mit Chutney bestreichen und Möhren daraufsetzen. Je 1 weiterer Patty, Chutney und Rote-Bete-Scheiben daraufgeben. Mit den übrigen Toasts abschließen und zusammendrücken. Die Sandwiches nach Belieben diagonal halbieren oder vierteln und mit Holzspießen fixieren.

77

SOCCA MIT SPARGEL UND BÄRLAUCH

FÜR 2 PERSONEN
ZUBEREITUNG: 40 Min.
RUHEN: 1 Std.
BACKEN: 40 Min.
PRO PORTION: ca. 830 kcal

FÜR DIE SOCCA:

160 g Kichererbsenmehl
½ TL gemahlener Kreuz-
kümmel, Salz
½ Knoblauchzehe
6 EL Olivenöl
Olivenöl zum Braten

FÜR DEN BELAG:

300 g grüner Spargel
(möglichst dünne Stangen)
½ Knoblauchzehe
4 EL Olivenöl
Salz, Pfeffer aus der Mühle
8 halb getrocknete, in Öl
eingelegte Tomaten
je 50 g Rucola und Baby-Spinat
3 Frühlingszwiebeln
4 Stiele Basilikum
10 Bärlauchblätter
1 TL Honig
1 EL Aceto balsamico
150 g Ricotta

1 Für die Socca Kichererbsenmehl, Kreuzkümmel, ¾ TL Salz und 300 ml Wasser mit dem Schneebesen verrühren. Den Knoblauch schälen, durchpressen und mit 2 EL Öl unterrühren. Den Teig 1 Stunde ruhen lassen.

2 Inzwischen für den Belag den Spargel waschen und im unteren Drittel schälen, die holzigen Enden abschneiden. Den Knoblauch schälen und in Scheiben schneiden. 2 EL Öl in einer Pfanne erhitzen und den Spargel darin mit dem Knoblauch 3 bis 5 Minuten goldbraun braten. Mit Salz und Pfeffer würzen.

3 Die Tomaten in Stücke schneiden. Rucola und Spinat verlesen, waschen und trocken schleudern, grobe Stiele jeweils entfernen. Die Frühlingszwiebeln putzen, waschen und in Ringe schneiden. Kräuter waschen und trocken schütteln, die Blätter in Stücke zupfen.

4 Den Backofen auf 220 °C vorheizen und dabei auf der mittleren Schiene eine ofenfeste Pfanne (26 bis 28 cm Durchmesser; vorzugsweise aus Gusseisen) mit erhitzen. Die Pfanne herausnehmen (Vorsicht, sie ist sehr heiß!) und 2 EL Öl durch Schwenken darin verteilen. Die Hälfte des Teigs hineingeben und zügig glatt verstreichen. Die Pfanne wieder in den Ofen (Umluft 200 °C) geben und die Socca 15 bis 18 Minuten goldbraun und knusprig backen. Die Pfanne herausnehmen, die Socca vorsichtig herauslösen, auf einen vorgewärmten Teller geben und unter einem Küchentuch warm halten. Die zweite Socca wie beschrieben backen.

5 Honig, Essig, Salz und Pfeffer verrühren und das restliche Öl unterschlagen. Tomaten, Rucola, Spinat und Frühlingszwiebeln in der Marinade wenden. Die Hälfte der Mischung mit der Hälfte des Spargels auf die warme Socca geben. Den Ricotta dazwischen verteilen. Die Hälfte der Kräuter darüberstreuen und Pfeffer darübermahlen. Die zweite Socca mit den übrigen Zutaten belegen.

SÜSSKARTOFFEL-WRAPS MIT RUCOLA

1 Den Backofen auf 200 °C vorheizen. Die Süßkartoffeln schälen und in etwa 1 cm große Würfel schneiden. Die Paprikaschoten längs halbieren, entkernen, waschen und längs in Streifen schneiden. Den Knoblauch schälen und in feine Würfel schneiden. Den Thymian waschen und trocken schütteln, die Blättchen abzupfen und fein hacken. Alles mit 2 EL Öl in einer ofenfesten Form verteilen und mit Salz und Pfeffer würzen. Die Kartoffel-Paprika-Mischung im Ofen (Umluft 180 °C) auf der mittleren Schiene etwa 25 Minuten garen, dabei ein- oder zweimal durchrühren. Herausnehmen und lauwarm abkühlen lassen.

2 Inzwischen die Tomaten waschen und in kleine Würfel schneiden, dabei die Stielansätze entfernen. Rucola und Basilikum waschen und trocken schütteln, grobe Rucolastiele entfernen und die Blätter zerzupfen. Die Basilikumblätter abzupfen und ebenfalls zerzupfen. Den Feta grob zerbröckeln.

3 Senf, Agavendicksaft, Essig, Salz und Pfeffer verrühren und das übrige Öl unterschlagen. In einer Schüssel Rucola und Tomaten mit dem Dressing mischen.

4 Die Tortillas nach Packungsanweisung rösten oder aufwärmen und auf der Arbeitsfläche auslegen. Rucola und Tomaten in der Mitte der Wraps verteilen. Süßkartoffeln und Paprika daraufgeben und mit Feta und Basilikum bestreuen. Die Tortillas jeweils links und rechts über die Füllung schlagen, dann von unten nach oben straff aufrollen. Die Wraps nach Belieben halbieren.

FÜR 2–4 PERSONEN
ZUBEREITUNG: 55 Min.
PRO PERSON (BEI 4 PERSONEN): ca. 500 kcal

400 g Süßkartoffeln
2 kleine rote Paprikaschoten
1 Knoblauchzehe
6 Zweige Thymian
5 EL Olivenöl
Salz, Pfeffer aus der Mühle
2 Tomaten
1 Bund Rucola
½ Bund Basilikum
100 g Feta
½ TL Senf
1 TL Agavendicksaft
2 EL Aceto balsamico
4 (Maismehl-)Tortillas
(Wraps)

Voller Kraft und Saft

Sie bringen uns zum Glühen,
kitzeln alle Geschmacksnerven wach
und schenken wunderbar warme
Erfüllung danach: leichte, aber aromasatte
Brühen gegen akute Hungerattacken,
Quickie-Cremesuppen für den Feierabend
und kraftvolle Gemüseeintöpfe,
die es in sich haben.

BOHNEN-MINESTRONE MIT FENCHEL UND HIRSE

FÜR 2 PERSONEN
ZUBEREITUNG: 40 Min.
PRO PORTION: ca. 570 kcal

1 kleine Zwiebel
1 Knoblauchzehe
2 Tomaten
1 Möhre
1 Kohlrabi
100 g grüne Bohnen
1 kleine Fenchelknolle
2 EL Olivenöl
2 EL Tomatenmark
100 g ausgelöste Erbsen
(frisch oder TK)
100 g ausgelöste grüne
dicke Bohnen (frisch oder TK)
700 ml Gemüsebrühe (Fertigprodukt oder siehe Tipp)
Salz, Pfeffer aus der Mühle
70 g Hirse
3 EL gehackte Petersilie

1 Die Zwiebel und den Knoblauch schälen und in feine Würfel schneiden. Die Tomaten waschen und in Stücke schneiden, dabei die Stielansätze entfernen. Die Möhre und den Kohlrabi schälen und in kleine Würfel schneiden. Die grünen Bohnen putzen und waschen. Den Fenchel putzen, waschen und vierteln, dabei den harten Strunk entfernen. Die Viertel halbieren und quer in Stücke schneiden.

2 Das Öl in einem Topf erhitzen, Zwiebel und Knoblauch darin andünsten. Das Tomatenmark kurz mitdünsten. Die Tomaten dazugeben und 2 bis 3 Minuten mitdünsten. 50 ml Wasser oder nach Belieben Weißwein angießen und einköcheln lassen. Das vorbereitete Gemüse, Erbsen, dicke Bohnen und die Brühe hinzufügen und alles bei schwacher Hitze etwa 20 Minuten garen. Die Suppe mit Salz und Pfeffer abschmecken.

3 Inzwischen in einem Topf 200 ml Wasser aufkochen. Die Hirse mit etwas Salz einrühren, 5 Minuten kochen, dann zugedeckt bei schwacher Hitze 15 bis 20 Minuten quellen lassen. Hirse auf tiefe Teller verteilen, die Suppe daraufgeben und mit Petersilie bestreuen.

TIPP

Für eine Gemüsebrühe (etwa 1 l) 2 Zwiebeln und 1 Knoblauchzehe schälen und grob würfeln. 1 dicke Möhre schälen, 2 Stangen Staudensellerie, 1 kleine Stange Lauch und 1 kleine Fenchelknolle putzen, waschen und klein schneiden. 3 Zweige Thymian und ½ Bund Petersilie waschen und trocken schütteln. Die Zwiebeln in 2 EL Olivenöl andünsten und das Gemüse 2 bis 3 Minuten mitdünsten. 1¼ l Wasser, Knoblauch, ⅓ TL schwarze Pfefferkörner, Thymian und Petersilie dazugeben und alles zugedeckt etwa 40 Minuten köcheln. Die Brühe durch eine Sieb gießen (für eine klare Brühe das Sieb vorher mit einem Passiertuch auslegen) und im Topf auf 1 l einkochen lassen. Mit Salz würzen. Die Brühe lässt sich gut portionsweise einfrieren.

POWER BROTHS

Nicht umsonst schwören immer mehr Menschen auf ihre tägliche heiße Brühe: Sie wärmt von innen, steckt voller Vitamine und Mineralstoffe und hilft dank ihrer basischen Eigenschaften, Entzündungen im Körper zu bekämpfen. ✳

WALD & WIESE

¼ l Gemüsebrühe (siehe Tipp S. 82) mit **1 EL getrockneten Steinpilzen** und **3 angedrückten Wacholderbeeren** aufkochen. **3 Zweige Thymian** und **2 Stiele Liebstöckel** waschen und dazugeben. Alles zugedeckt bei schwacher Hitze 5 bis 10 Minuten köcheln lassen. Die Brühe durch ein Sieb gießen und nach Belieben mit gehackter Petersilie bestreuen.

YIN- & YANG-BRÜHE

¼ l Gemüsebrühe (siehe Tipp S. 82) mit **2 cm Ingwer** (in Scheiben geschnitten), **8 schwarzen Pfefferkörnern, 1 Sternanis** und **4 cm Bio-Orangenschale** zugedeckt 5 bis 10 Minuten köcheln lassen. Die Brühe durch ein Sieb gießen und **1 EL Gojibeeren** dazugeben. Die Brühe nach Belieben mit Tamari würzig abschmecken.

MISO-BRÜHE

¼ l Gemüsebrühe (siehe Tipp S. 82) aufkochen. **2 EL Misopaste** und **2 EL Instant-Wakame-Algen** hinzufügen und bei schwacher Hitze 2 Minuten ziehen lassen. Die Brühe dann mit **1 EL Tamari** würzen. Für eine leichte Suppe 1 Handvoll Baby-Spinat, in kleine Würfel geschnittenen Seidentofu und einige Frühlingszwiebelringe in die Brühe geben.

✳ *Die Rezepte sind für jeweils 1 Person. Als Basis für alle Powerbrühen passt natürlich Gemüsebrühe, eine spannende Asia-Note kommt mit der Brühe von S. 94 ins Spiel.*

FRÜHLINGS-GRÜN-SUPPE

1 Den Spargel waschen und im unteren Drittel schälen, die holzigen Enden abschneiden. Die Stangen in etwa 2 cm große Stücke schneiden. Den Kohlrabi und die Kartoffel schälen und in grobe Würfel schneiden. Die Schalotte schälen und in feine Würfel schneiden.

2 Das Öl in einem Topf erhitzen und die Schalotte darin andünsten. Mit etwas Brühe oder nach Belieben mit 75 ml Weißwein ablöschen und die Flüssigkeit fast vollständig einkochen lassen. Spargel, Kohlrabi, Kartoffel und die übrige Brühe dazugeben. Mit Salz und Pfeffer würzen und das Gemüse zugedeckt bei schwacher Hitze etwa 20 Minuten garen.

3 Inzwischen den Sauerampfer waschen und trocken schütteln, die Blätter abzupfen und in Streifen schneiden. Etwa 2 EL Sauerampfer beiseitelegen, den Rest in der Suppe 1 Minute mitgaren.

4 Die Suppe mit dem Stabmixer fein pürieren. Dann mit Salz und Pfeffer abschmecken, auf Schälchen verteilen und mit dem übrigen Sauerampfer bestreuen.

FÜR 2 PERSONEN
ZUBEREITUNG: 30 Min.
PRO PORTION: ca. 290 kcal

500 g grüner Spargel
1 kleiner Kohlrabi
1 mehligkochende Kartoffel
(ca. 150 g)
1 Schalotte
2 EL Olivenöl
700 ml Gemüsebrühe (Fertigprodukt oder selbst gemacht, siehe Tipp S. 82)
Salz
weißer Pfeffer aus der Mühle
50 g Sauerampfer

TIPP

Sauer macht lustig, aber in dieser Suppenschüssel steckt nicht nur Fun, sondern auch viel Gesundheit. Sauerampfer ist nämlich der perfekte Schutz gegen Frühjahrsgrippe, nicht zuletzt wegen seines hohen Vitamin-C-Gehalts: 100 g roher Ampfer können es locker mit einer Zitrone aufnehmen. Sauerampfer enthält allerdings auch reichlich Oxalsäure, deshalb sollten Kinder und alle, die unter Eisenmangel leiden, auf ihn verzichten.

WINTERGRÜN-SUPPE

1 Den Grünkohl waschen, trocken schütteln und dicke Blattrippen entfernen, die Blätter grob hacken. Die Pastinake schälen und in kleine Stücke schneiden. Den Lauch putzen, längs halbieren, waschen und in dünne Ringe schneiden.

2 Das Öl in einem Topf erhitzen und den Lauch darin andünsten. Das Kichererbsenmehl untermischen und kurz mitrösten. Grünkohl, Pastinake und Brühe hinzufügen und das Gemüse 25 bis 30 Minuten weich garen. Mit Salz und Pfeffer würzen.

3 Inzwischen den Spinat putzen, waschen, abtropfen lassen und grob schneiden. Den Meerrettich schälen und grob raspeln. Die Hälfte des Meerrettichs mit dem Spinat unter die Suppe rühren und mitköcheln lassen, bis der Spinat zusammenfällt.

4 Die Suppe mit dem Stabmixer fein pürieren. Dann mit Zitronensaft abschmecken, auf Schälchen verteilen und mit dem übrigen Meerrettich bestreuen.

TIPP

Meerrettich ist eine echter Scharfmacher. Verantwortlich dafür sind die enthaltenen Senfölglykoside – und die helfen erwiesenermaßen gegen winterliche Erkältungen und Blasenentzündung. Sie sollen ihren Reiz aber auch noch in ganz anderen Körperregionen entfalten …

FÜR 2 PERSONEN
ZUBEREITUNG: 40 Min.
PRO PORTION: ca. 320 kcal

200 g Grünkohlblätter
80 g Pastinake
100 g Lauch
2 EL Olivenöl
2 EL Kichererbsenmehl
800 ml Gemüsebrühe (Fertigprodukt oder selbst gemacht,
siehe Tipp S. 82)
Salz, Pfeffer aus der Mühle
50 g Wurzelspinat
50 g Meerrettich
(oder 1–2 EL geriebener
Meerrettich aus dem Glas)
1–2 EL Zitronensaft

ITALIENISCHER EINTOPF MIT SCHWARZKOHL

FÜR 2 PERSONEN
ZUBEREITUNG: 35 Min.
GAREN: 40 Min.
PRO PORTION: ca. 620 kcal

350 g Schwarzkohlblätter *
1 Möhre
1 Stange Staudensellerie
100 g Lauch
1 Zwiebel
2 Knoblauchzehen
2 Tomaten
⅓ Bund Thymian
3 EL Olivenöl
Salz, Pfeffer aus der Mühle
1 Dose Cannellini-Bohnen
(240 g Abtropfgewicht)
4 Scheiben Vollkornbrot
(vom Vortag)

*Wer keinen Schwarzkohl
bekommt, nimmt einfach
Wirsing für den Eintopf.*

1 Den Schwarzkohl waschen und trocken schütteln, dicke Stiele entfernen und die Blätter quer in 1 cm breite Streifen schneiden. Die Möhre schälen und in kleine Würfel schneiden. Den Sellerie putzen, waschen und ebenfalls in kleine Würfel schneiden. Den Lauch putzen, längs halbieren und waschen, zuerst längs in feine Streifen, dann quer in kleine Stücke schneiden. Die Zwiebel und 1 Knoblauchzehe schälen und in feine Würfel schneiden. Die Tomaten waschen und in kleine Würfel schneiden, dabei die Stielansätze entfernen. Den Thymian waschen und trocken schütteln, die Blättchen abzupfen und grob hacken.

2 In einem großen Topf 2 EL Öl erhitzen und Möhre, Sellerie, Lauch, Zwiebel und Knoblauch darin andünsten, bis sie leicht Farbe annehmen. Die Tomaten und die Hälfte des Thymians mitdünsten, bis die Flüssigkeit verdampft ist. Mit Salz und Pfeffer würzen, ½ l Wasser und den Schwarzkohl dazugeben. Das Gemüse zugedeckt bei schwacher Hitze etwa 40 Minuten weich garen.

3 Den Backofen auf 180 °C vorheizen. Die Bohnen in ein Sieb abgießen, dabei die Einlegeflüssigkeit auffangen. Die Bohnen in der Suppe mit erhitzen. Die übrige Knoblauchzehe schälen, durchpressen und mit dem restlichen Öl verrühren. Die Brote mit dem Knoblauchöl beträufeln und im Ofen auf der oberen Schiene etwa 10 Minuten goldbraun rösten. Die Brote in Suppenschalen legen.

4 Eine große Schöpfkelle Gemüse in einem hohen Rührbecher mit dem Stabmixer pürieren. Das Püree unter den Eintopf rühren. Falls der Eintopf zu dickflüssig ist, etwas Bohneneinlegeflüssigkeit untermischen. Den übrigen Thymian unterrühren, mit Salz und Pfeffer abschmecken. Die Suppe über die Brotscheiben verteilen. Nach Belieben etwas Olivenöl über die Suppe träufeln.

ERBSENSUPPE MIT MINZE

1 Die Schalotte schälen und in feine Würfel schneiden. Das Öl in einem Topf erhitzen und die Schalotte darin andünsten. Die Erbsen und die Brühe dazugeben und zugedeckt bei schwacher Hitze etwa 15 Minuten weich garen.

2 Inzwischen den Salat putzen, waschen, trocken schütteln und in feine Streifen schneiden. Die Minze waschen und trocken schütteln, die Blätter abzupfen und in feine Streifen schneiden.

3 Die Hafersahne und den Salat zu den Erbsen geben und nur so heiß werden lassen, dass der Salat leicht zusammenfällt. Mit Salz und Pfeffer würzen und gut die Hälfte der Minze dazugeben. Die Erbsen in der Brühe mit dem Stabmixer fein pürieren. Die Suppe nach Belieben warm oder kalt genießen. Vor dem Servieren die übrige Minze darüberstreuen.

TIPP

Einfach cool: Minze kühlt, erfrischt und entfaltet ein wunderbares Aroma beim Essen. Gleichzeitig ist Minze ein Bakterienkiller und wohltuend für Magen und Darm – ein ideales Verdauungs(heil)kraut!

FÜR 2 PERSONEN
ZUBEREITUNG: 30 Min.
PRO PORTION: ca. 310 kcal

1 Schalotte
1 EL Olivenöl
300 g Erbsen (frisch oder TK)
½ l Gemüsebrühe (Fertig-
produkt oder selbst gemacht,
siehe Tipp S. 82)
150 g Römer- oder Kopfsalat
2–3 Stiele Minze
100 ml Hafersahne
Salz
weißer Pfeffer aus der Mühle

RADIESCHEN-
AVOCADO-SUPPE

1 In einem Topf Wasser zum Kochen bringen. Das Radieschengrün verlesen, waschen und trocken schütteln. Dann im Topf etwa 1 Minute blanchieren, in ein Sieb abgießen und kalt abschrecken. Das Radieschengrün abkühlen lassen, ausdrücken und grob schneiden.

2 Die Gurke waschen und in Stücke schneiden. Die Avocado halbieren und den Stein entfernen. Die Hälften schälen, das Fruchtfleisch in Stücke schneiden und mit dem Zitronensaft mischen. Den Knoblauch schälen und in grobe Würfel schneiden.

3 Radieschengrün, Gurke, Avocado, Knoblauch, Brühe und Buttermilch in einem großen, hohen Rührbecher mit dem Stabmixer fein pürieren (alternativ im Blender pürieren). Die Suppe mit Salz, Pfeffer und Wasabi würzen und auf Schälchen verteilen.

4 Die Radieschensprossen auf einem Sieb abbrausen und abtropfen lassen. Die Radieschen waschen, putzen und zuerst in Scheiben, dann in feine Stifte schneiden. Sprossen und Radieschen auf die Suppe streuen und Pfeffer grob darübermahlen.

FÜR 2 PERSONEN
ZUBEREITUNG: 30 Min.
PRO PORTION: ca. 190 kcal

2 Bund Radieschengrün
60 g Bio-Salatgurke
1 Avocado
1 TL Zitronensaft
1 kleine Knoblauchzehe
200 ml kalte Gemüsebrühe
(Fertigprodukt oder selbst
gemacht, siehe Tipp S. 82)
300 ml Buttermilch
Salz, Pfeffer aus der Mühle
½ TL Wasabipulver
50 g Radieschensprossen
5 Radieschen

LINSEN-BORSCHTSCH MIT ROSENKOHL

FÜR 2 PERSONEN
ZUBEREITUNG: 1 Std. 10 Min.
PRO PORTION: ca. 510 kcal

80 g Le-Puy- oder Beluga-Linsen
150 g Suppengemüse (Lauch, Möhre und Knollensellerie)
1 Knoblauchzehe
2 EL Olivenöl
600 ml Gemüsebrühe (Fertigprodukt oder selbst gemacht, siehe Tipp S. 82)
300 g Rote Bete
200 g Rosenkohl
¼ TL Kümmelsamen
Salz, Pfeffer aus der Mühle
½–1 EL Weißweinessig
40 g Meerrettich
100 g saure Sahne
½ Bund Schnittlauch

1 Die Linsen auf einem Sieb abbrausen und abtropfen lassen. Den Lauch putzen, längs halbieren, waschen und in Ringe schneiden. Die Möhre und den Sellerie schälen und in feine Würfel schneiden. Den Knoblauch schälen und in feine Würfel schneiden. Das Öl in einem großen Topf erhitzen und das Suppengemüse darin mit dem Knoblauch andünsten. Die Linsen kurz mitdünsten, mit der Brühe ablöschen und zugedeckt etwa 20 Minuten weich garen.

2 Inzwischen die Rote Bete schälen (dabei am besten Einweghandschuhe tragen, die Knollen färben ab) und auf der Küchenreibe oder mit der Küchenmaschine in feine Streifen (Julienne) hobeln. Den Rosenkohl putzen und waschen, die Röschen längs in feine Scheiben schneiden. Den Kümmel grob hacken.

3 Rote Bete, Rosenkohl und Kümmel unter die Linsen rühren und zugedeckt weitere 20 bis 25 Minuten mitgaren. Dann mit Salz, Pfeffer und Essig würzen und ein paar Minuten ziehen lassen.

4 Den Meerrettich schälen und fein raspeln, sofort mit der sauren Sahne mischen und mit Salz und Pfeffer würzen. Den Schnittlauch waschen und trocken schütteln, in Röllchen schneiden und unter den Eintopf heben. Den Linsen-Borschtsch auf tiefe Teller verteilen und jeweils etwas Meerrettichsahne daraufgeben.

TIPP

Veganer, die auf saure Sahne verzichten möchten, können den Meerrettich auch direkt unter den Eintopf rühren und kurz mitziehen lassen. Dann den Schnittlauch erst kurz vor dem Servieren auf den Linsen-Borschtsch streuen.

LINSENEINTOPF MIT TOMATEN UND MANGOLD

1 Die Linsen auf einem Sieb abbrausen und abtropfen lassen. Den Mangold putzen und waschen, die Blätter von den Stielen schneiden und beiseitelegen. Die Stiele je nach Dicke längs halbieren oder dritteln und in etwa 1 cm dicke Stücke schneiden. Die Möhre schälen und in feine Würfel schneiden. Den Sellerie putzen und waschen, längs halbieren und ebenfalls in Würfel schneiden. Zwiebel und Knoblauch schälen und in feine Würfel schneiden.

2 Das Öl in einem Topf erhitzen und Zwiebel, Knoblauch, Möhre und Sellerie darin andünsten. Die Mangoldstiele unter Rühren kurz mitdünsten. Den Rosmarin und Thymian waschen, trocken schütteln und mit Linsen, Tomaten samt Saft und 100 ml Wasser in den Topf geben. Das Gemüse zugedeckt etwa 30 Minuten weich garen, dabei, falls nötig, ein wenig Wasser hinzufügen.

3 Inzwischen die Mangoldblätter in feine Streifen schneiden. Die Zitrone so großzügig schälen, dass auch die weiße Haut mit entfernt wird (dabei den austretenden Saft auffangen). Die Zitrone in feine Scheiben schneiden und vierteln. Die Petersilie waschen und trocken schütteln, die Blätter abzupfen und grob hacken.

4 Die Mangoldblätter unter die Linsen rühren, mit Salz und Pfeffer würzen und weitere 10 bis 15 Minuten garen. Die Zitronenstücke samt Saft sowie die Petersilie unter die Linsen rühren. Nach Belieben 50 g gewaschene Linsensprossen untermischen. Den Eintopf auf tiefe Teller verteilen.

FÜR 2 PERSONEN
ZUBEREITUNG: 35 Min.
GAREN: 45 Min.
PRO PORTION: ca. 370 kcal

100 g Le-Puy-Linsen
350 g Mangold
1 Möhre
1 Stange Staudensellerie
1 Zwiebel
1 Knoblauchzehe
2 EL Olivenöl
1 Zweig Rosmarin
5 Zweige Thymian
1 Dose Cocktailtomaten
(Pomodorini;
ca. 400 g Füllgewicht)
½ Zitrone
1 Bund Petersilie
Salz, Pfeffer aus der Mühle

VEGGIE PHO-NO-BO MIT REISNUDELN

FÜR 2 PERSONEN
ZUBEREITUNG: 35 Min.
GAREN: 45 Min.
PRO PORTION: ca. 300 kcal

FÜR DIE BRÜHE:

2 Stangen Staudensellerie
1 dicke Möhre
½ Stange Lauch
100 g weißer Rettich
1 Zwiebel
1 Knoblauchzehe
5 Stiele Koriander mit Wurzel
(aus dem Asienladen)
50 g Ingwer
2 Stängel Zitronengras
1 kleine rote Chilischote
2 EL Pflanzenöl
2 Sternanis, Salz

FÜR DIE EINLAGE:

4 Pak Choi (à ca. 100 g)
80 g Mungbohnensprossen
70 g breite (vietnamesische)
Reisnudeln
4 Stiele Thai-Basilikum
3 Frühlingszwiebeln
1–2 rote Chilischoten
1 Bio-Limette

1 Für die Brühe den Sellerie putzen, waschen und in feine Scheiben schneiden. Die Möhre schälen und in feine Scheiben schneiden. Den Lauch putzen, längs halbieren, waschen und in dünne Ringe schneiden. Den Rettich schälen, waschen und in große Stücke schneiden. Die Zwiebel und den Knoblauch schälen und in Scheiben schneiden. Die Wurzeln des Korianders abschneiden und waschen, das Grün beiseitelegen. Den Ingwer schälen und das Zitronengras putzen, beides im Mörser andrücken. Die Chilischote längs halbieren, entkernen, waschen und in Ringe schneiden.

2 In einem Topf das Öl erhitzen und die Zwiebel darin braun anbraten. Knoblauch, Sellerie, Möhre und Lauch unter Rühren 2 bis 3 Minuten mitbraten. Rettich, Korianderwurzeln, Ingwer, Zitronengras, Chili, Sternanis und 1 l Wasser dazugeben. Die Brühe zugedeckt bei schwacher Hitze etwa 45 Minuten köcheln lassen.

3 Inzwischen für die Einlage den Pak Choi putzen, die einzelnen Blätter ablösen, waschen, trocken schütteln und quer in Streifen schneiden. Die Sprossen auf einem Sieb abbrausen und abtropfen lassen. Nudeln nach Packungsanweisung in Wasser garen, in ein Sieb abgießen und abtropfen lassen. Das Thai-Basilikum und den Koriander waschen, trocken schütteln und grob zerzupfen. Die Frühlingszwiebeln putzen, waschen und in Ringe schneiden. Die Chilischoten längs halbieren, entkernen, waschen und fein hacken. Die Limette heiß waschen und in Scheiben schneiden.

4 Die Brühe durch ein Sieb gießen, dabei das Gemüse gut ausdrücken. Die Hälfte der Brühe wieder in den Topf geben, mit Salz würzen und aufkochen. (Die übrige Brühe kann man einfrieren und etwa als Grundlage für Yin- & Yang-Brühe, siehe S. 84, nehmen.) Bei Tisch gibt jeder etwas Pak Choi, Sprossen und Nudeln in sein Schälchen, übergießt alles mit Brühe und streut Kräuter, Frühlingszwiebeln und Chili darüber. Die Limettenscheiben in die Suppe legen.

PERSISCHE BOHNENSUPPE

1 Die Zwiebel und den Knoblauch schälen und in feine Würfel schneiden. Das Öl in einem Topf erhitzen, Zwiebel und Knoblauch darin goldgelb andünsten. Die Linsen und Kurkuma kurz mitdünsten. Die Bohnen und die Brühe dazugeben und alles zugedeckt bei schwacher Hitze 15 Minuten köcheln lassen.

2 Inzwischen die Zucchini putzen und waschen, nach Belieben längs halbieren und in etwa 5 mm dicke Scheiben schneiden. Die Zucchini in die Suppe geben, mit Salz und Pfeffer würzen. Die Suppe zugedeckt weitere 10 Minuten garen.

3 Währenddessen die Kräuter waschen und trocken schütteln, die Dillspitzen sowie die Koriander- und Petersilienblätter abzupfen und grob hacken. Die Kräuter unter die Suppe rühren und die Bohnensuppe mit Zitronensaft, Salz und Pfeffer abschmecken.

TIPP

Nomen est omen? Weit gefehlt! Dicke Bohnen machen garantiert nicht dick! Im Gegenteil, sie haben wenig Kalorien und Fett, dafür reichlich gesundes Eiweiß.

FÜR 2 PERSONEN
ZUBEREITUNG: 35 Min.
PRO PORTION: ca. 430 kcal

1 große Zwiebel
1 Knoblauchzehe
2 EL Olivenöl, 50 g gelbe Linsen
½ TL gemahlene Kurkuma
250 g ausgelöste dicke
Bohnen (TK)
600 ml Gemüsebrühe (Fertigprodukt oder selbst gemacht,
siehe Tipp S. 82)
3 kleine Zucchini (ca. 300 g)
Salz, Pfeffer aus der Mühle
je ½ Bund Dill, Koriander und
Petersilie
2–3 EL Zitronensaft

INDISCHE LINSENSUPPE

1 Den Ingwer schälen und fein hacken. Die Linsen mit Ingwer, Kurkuma und 400 ml Wasser in einem Topf aufkochen und zugedeckt bei schwacher Hitze 15 bis 20 Minuten garen.

2 Inzwischen den Spinat verlesen, waschen und abtropfen lassen, grobe Stiele entfernen. Die Mango schälen und das Fruchtfleisch mit dem Sparschäler in Streifen vom Stein schneiden.

3 Das Kokosöl in einer kleinen Pfanne erhitzen und das Panch Phoron darin anrösten. Den Knoblauch schälen, dazupressen und unter Rühren bei schwacher Hitze anrösten. Die Knoblauch-Gewürzmischung mit Chiliflocken, Salz und Zucker unter die Suppe rühren und etwa 5 Minuten weitergaren.

4 Den Spinat und die Mango in der Suppe erhitzen, bis der Spinat zusammenfällt. Die Linsensuppe mit Limettensaft und Salz abschmecken, kurz ziehen lassen und auf tiefe Teller verteilen.

TIPP

Panch Phoron heißt ganz einfach „fünf Gewürze". Die indische Mischung enthält schwarzen Senf, Schwarzkümmel, Kreuzkümmel, Fenchelsamen und Bockshornklee. Die Gewürze machen die Linsensuppe nicht nur aromatisch, sondern auch gut verträglich.

FÜR 2 PERSONEN
ZUBEREITUNG: 35 Min.
PRO PORTION: ca. 400 kcal

2 cm Ingwer
150 g gelbe Linsen
2 Msp. gemahlene Kurkuma
100 g Spinat
1 feste kleine Mango
1½ EL Kokosöl
1 EL Panch Phoron
(ind. Gewürzmischung;
siehe Tipp)
1 Knoblauchzehe
2–3 Msp. Chiliflocken
Salz
½ TL brauner Zucker
2–3 EL Limettensaft

Hauptsache grün

Achtung, really hot! Hier gibt es lauter
warme Gerichte, die uns langsam
auf Touren bringen, alle Sinne verwöhnen
und mit satter Zufriedenheit erfüllen:
knackiges Grün in Liaison mit Nudeln,
Linsen oder Getreide, mal mild,
mal aufregend gewürzt – aber immer
als Höhepunkt des Tages!

BALI-REISSCHALE
MIT BOHNEN UND MANGO

FÜR 2 PERSONEN
ZUBEREITUNG: 40 Min.
PRO PORTION: ca. 710 kcal

120 g Naturreis
Salz
600 g grüne Bohnen
6 Schalotten (ca. 180 g)
3 Stängel Zitronengras
2 rote Chilischoten
2–3 EL Kokosöl
4 EL Kokosraspel
3 Frühlingszwiebeln
2 Stangen Staudensellerie
mit Grün
2 Stiele Thai-Basilikum
½ Bund Koriander
6 Stiele Minze
1 kleine Mango

1 In einem Topf ¼ l Wasser zum Kochen bringen und den Reis mit etwas Salz dazugeben. Einmal aufkochen lassen und den Reis zugedeckt bei schwacher Hitze 25 bis 30 Minuten garen. Inzwischen die Bohnen putzen, waschen, abtropfen lassen und in Salzwasser etwa 10 Minuten bissfest garen. Anschließend in ein Sieb abgießen und abtropfen lassen.

2 Die Schalotten schälen, längs halbieren und in feine Streifen schneiden. Vom Zitronengras jeweils die welken Außenblätter und die obere, trockene Hälfte entfernen, die untere Hälfte längs vierteln und die Viertel in feine Würfel schneiden. Die Chilischoten längs halbieren, entkernen, waschen und in feine Würfel schneiden.

3 Das Kokosöl in einer kleinen Pfanne erhitzen. Die Schalotten darin unter gelegentlichem Rühren bei schwacher Hitze 15 Minuten dünsten. Dann die Hitze erhöhen und die Schalotten braun braten. Kurz vor Ende der Bratzeit Zitronengras, Chilis und Kokosraspel leicht mitbräunen lassen und mit Salz würzen.

4 Währenddessen die Frühlingszwiebeln putzen, waschen und in feine Ringe schneiden. Die Sellerieblätter abzupfen, waschen und trocken schütteln (die Selleriestangen anderweitig verwenden). Die Kräuter waschen und trocken schütteln, die Blätter abzupfen und ebenso wie die Sellerieblätter grob zerzupfen oder schneiden. Die Mango schälen und das Fruchtfleisch auf den flachen Seiten in dünnen Spalten vom Stein schneiden.

5 Die Bohnen zu den Schalotten geben und heiß werden lassen, mit Salz abschmecken. Bohnen, Reis, Kräuter, Mango, Frühlingszwiebeln und nach Belieben Chilistreifen jeweils in Schälchen geben. Bei Tisch nimmt sich jeder etwas Reis und mischt ihn mit den anderen Zutaten in seinem Schälchen.

ZUCCHINI-KRÄUTER-BULGUR MIT WÜRZJOGHURT

1 In einem Topf 225 ml Wasser mit etwas Salz aufkochen. Den Bulgur einrühren, aufkochen lassen und die Physalis hinzufügen. Den Bulgur zugedeckt 20 bis 25 Minuten quellen lassen.

2 Inzwischen die Zucchini putzen, waschen und in etwa 5 mm dicke Scheiben schneiden. Die Zitrone heiß waschen und trocken reiben, die Schale abreiben und den Saft auspressen. Den Knoblauch schälen und in feine Würfel schneiden.

3 Die Kräuter waschen und trocken schütteln, die Blätter abzupfen und getrennt fein hacken. Die Frühlingszwiebeln putzen, waschen und mit dem Grün in feine Ringe schneiden. Den Joghurt mit der Hälfte der Minze und 1 EL Dill verrühren, mit 2 Msp. Zitronenschale, 1 EL Zitronensaft, Salz und Pfeffer würzen.

4 In einer Pfanne das Öl erhitzen, die Zucchini und den Knoblauch darin leicht braun braten, mit Salz und Pfeffer würzen. Eventuell zuletzt 2 bis 3 EL Wasser dazugeben und bei schwacher Hitze fertig garen. Den Bulgur mit Zucchini, Frühlingszwiebelringen und restlichen Kräutern mischen und auf Teller verteilen. Etwas Würzjoghurt darüberträufeln, den Rest separat dazu servieren.

TIPP

Kleine Beeren, große Wirkung: Physalis gelten zu Recht als Superfood. Sie senken den Blutzuckerspiegel, machen schlank und liefern spezielle Antikörper, die unsere Abwehrkräfte perfekt stärken. Gute Gründe, sich die süßsauren Früchte öfter zu gönnen, oder?

FÜR 2 PERSONEN
ZUBEREITUNG: 30 Min.
PRO PORTION: ca. 500 kcal

Salz
100 g Bulgur
3 EL getrocknete Physalis
(siehe Tipp)
500 g kleine Zucchini
½ Bio-Zitrone
1 Knoblauchzehe
1 Bund Dill
8 Stiele Minze
8 Stiele Petersilie
2 Frühlingszwiebeln
150 g Naturjoghurt
Pfeffer aus der Mühle
3 EL Olivenöl

SPARGEL-RISOTTO MIT BRUNNENKRESSE

FÜR 2 PERSONEN
ZUBEREITUNG: 40 Min.
PRO PORTION: ca. 610 kcal

300 g grüner Spargel
1 Bund Brunnenkresse
(ca. 120 g)
60 g Spinat
2 Schalotten
ca. 1 l Gemüsebrühe (Fertigprodukt oder selbst gemacht,
siehe Tipp S. 82)
20 g Butter
180 g Risottoreis
100 ml Weißwein (ersatzweise
Gemüsebrühe)
½ Bio-Zitrone
Salz, Pfeffer aus der Mühle
3 EL geriebener Parmesan

1 Den Spargel waschen und im unteren Drittel schälen, die holzigen Enden abschneiden. Die Stangen schräg in 1 cm breite Stücke schneiden, die Köpfe ganz lassen. Die Brunnenkresse verlesen, waschen und trocken schleudern. Den Spinat ebenfalls verlesen, waschen und abtropfen lassen, grobe Stiele entfernen. Die Schalotten schälen und in feine Würfel schneiden. Die Brühe in einem Topf erhitzen.

2 Die Butter in einem großen Topf zerlassen und die Schalotten darin andünsten. Den Reis dazugeben und unter Rühren 2 Minuten mitdünsten. Mit dem Wein ablöschen und einköcheln lassen. So viel heiße Brühe angießen, dass der Reis bedeckt ist, und unter häufigem Rühren einköcheln lassen. Den Vorgang wiederholen, bis der Reis nach 20 bis 25 Minuten bissfest ist. In den letzten 10 Minuten den Spargel mitgaren.

3 Inzwischen in einem Topf Wasser aufkochen. Die Brunnenkresse mit dem Spinat darin 2 Minuten blanchieren, in ein Sieb abgießen und kalt abbrausen. Anschließend gut ausdrücken und grob zerschneiden.

4 Die Zitrone heiß waschen und trocken reiben, die Schale abreiben und den Saft auspressen. Die Brunnenkresse und den Spinat mit 1 EL Zitronensaft und etwas Brühe in einem hohen Rührbecher mit dem Stabmixer pürieren. Den Risotto mit dem Püree mischen, nochmals erhitzen und mit Salz, Pfeffer, Zitronensaft und -schale abschmecken. Mit Parmesan bestreut servieren.

TIPP

Herrlich schmelzend, aber doch mit Biss – das ist das Besondere an Risotto. Noch kerniger wird er mit Vollkorn-Risottoreis. Den sollte man aber über Nacht einweichen und ein wenig länger kochen lassen.

SCHNELLE POLENTA MIT SCHWARZKOHL UND PILZEN

1 Den Schwarzkohl waschen und trocken schütteln, dicke Stiele entfernen und die Blätter quer in feine Streifen schneiden. Den Knoblauch schälen und in feine Würfel schneiden.

2 In einem großen Topf etwa ¼ l Wasser mit etwas Salz zum Kochen bringen. Den Schwarzkohl darin mit dem Knoblauch 2 bis 4 Minuten bissfest garen. Dann in ein Sieb abgießen und kalt abbrausen, abkühlen lassen und leicht ausdrücken. Den Schwarzkohl mit 2 EL Öl in einem hohen Rührbecher mit dem Stabmixer fein pürieren. Mit Salz, Pfeffer und Zitronensaft würzen.

3 Die Brühe in einem Topf zum Kochen bringen, zuerst die Polenta, dann die Mandelsahne einrühren und unter Rühren 1 bis 2 Minuten köcheln lassen. Die Polenta mit Salz, Pfeffer und Muskatnuss würzen und zugedeckt kurz quellen lassen.

4 Inzwischen die Pilze putzen, falls nötig, mit einem Tuch abreiben und in dicke Scheiben oder Stücke schneiden. Die Schalotte schälen und in feine Würfel schneiden. Das übrige Öl in einer Pfanne erhitzen und die Schalotte darin goldgelb dünsten. Die Pilze dazugeben, mit Salz und Pfeffer würzen und bei starker Hitze unter gelegentlichem Rühren 3 bis 5 Minuten braten. Die Petersilie waschen und trocken schütteln, die Blätter abzupfen und unter die Pilze rühren.

5 Den Schwarzkohl unter die Polenta rühren und erhitzen. Die Polenta auf Teller verteilen und die Pilze darauf anrichten.

FÜR 2 PERSONEN
ZUBEREITUNG: 25 Min.
PRO PORTION: ca. 400 kcal

300 g Schwarzkohl
(ersatzweise Grünkohl)
2 Knoblauchzehen
Salz
3 EL Olivenöl
Pfeffer aus der Mühle
1–2 Spritzer Zitronensaft
400 ml Gemüsebrühe (Fertigprodukt oder selbst gemacht,
siehe Tipp S. 82)
100 g Instant-Polenta
100 ml Mandelsahne
frisch geriebene Muskatnuss
250 g gemischte Pilze
(z. B. Kräuterseitlinge,
Champignons, Austernpilze,
Shiitake-Pilze)
1 Schalotte
½ Bund Petersilie

GEFÜLLTE PAPRIKA MIT LAUCH-COUSCOUS

FÜR 2 PERSONEN
ZUBEREITUNG: 1 Std.
PRO PORTION: ca. 860 kcal

FÜR DIE PAPRIKA:

300 g türk. grüne Paprikaschoten
1 Zwiebel
1 Knoblauchzehe
2 EL Olivenöl
je 1 Bund Dill und Petersilie
2 Stiele Liebstöckel
120 g Feta
150 g Schichtkäse
1 Ei
Salz, Pfeffer aus der Mühle
2–3 Msp. Chiliflocken

FÜR DEN COUSCOUS:

1 kleine Stange Lauch
1 Bio-Zitrone
100 g Instant-Couscous
1 EL getrocknete Berberitzen
(oder Cranberrys)
2½ EL Olivenöl
1 EL Pinienkerne
Salz, Pfeffer aus der Mühle

1 Für die Paprika die Schoten jeweils an einer Stelle längs auf-schneiden, ohne dabei den Stielansatz zu entfernen. Die Samen und Trennhäute vorsichtig herauslösen und die Schoten waschen. Die Zwiebel und den Knoblauch schälen und in feine Würfel schneiden. Knapp 1 EL Öl in einer Pfanne erhitzen, Zwiebel und Knoblauch darin goldbraun braten.

2 Den Backofen auf 180 °C vorheizen. Die Kräuter waschen und trocken schütteln, die Blätter abzupfen und getrennt fein hacken. Den Feta mit einer Gabel fein zerdrücken und mit der Zwiebel-Knoblauch-Mischung, Schichtkäse, Ei, Liebstöckel, der Hälfte des Dills und einem Drittel der Petersilie verrühren. Die Masse kräftig mit Salz, Pfeffer sowie Chiliflocken würzen und in die Paprikascho-ten füllen. Die Schoten mit den Öffnungen nach oben in eine ofen-feste Form legen und mit dem übrigen Öl beträufeln. Im Ofen (Umluft 160 °C) auf der mittleren Schiene 30 bis 35 Minuten garen.

3 Inzwischen für den Couscous den Lauch putzen, längs halbie-ren, waschen und in feine Ringe schneiden. Die Zitrone heiß wa-schen und trocken reiben, die Schale abreiben und den Saft aus-pressen. Den Couscous nach Packungsanweisung mit kochendem Wasser übergießen, Berberitzen untermischen und zugedeckt quel-len lassen. Den Couscous mit 1 EL Öl mischen und warm halten.

4 Die Pinienkerne in einer Pfanne ohne Fett goldbraun rösten. Auf einem Teller abkühlen lassen. Das restliche Öl in der Pfanne erhitzen und den Lauch darin unter Rühren leicht braun braten. Mit Salz und Pfeffer würzen und mit Zitronensaft ablöschen. Kurz weitergaren, dann den Lauch und ½ TL Zitronenschale unter den Couscous mischen. Den Couscous mit den übrigen Kräutern und den Pinienkernen bestreuen und mit den Paprikaschoten servieren.

PERFEKTE PARTNER ...

Hasenfutter oder Abfall? So manches Grün führt ein Aschenputteldasein in unseren Küchen. Schluss damit, denn es steckt jede Menge Gesundheit und Lebenskraft darin! Diese Gerichte sind fix zubereitet und als Beilage fast zu schade.

LÖWENZAHNGEMÜSE

1 Staude (Kultur-)Löwenzahn (ca. 500 g) putzen, die Blätter waschen, trocken schütteln und in etwa 3 cm breite Stücke schneiden. **1 Knoblauchzehe** schälen und in Scheiben schneiden. In einem Topf **3 EL Olivenöl** erhitzen, den Knoblauch darin andünsten und den Löwenzahn unter Rühren 2 bis 3 Minuten mitdünsten. Mit **Salz, Pfeffer** und **1 Prise Zucker** würzen. **2–3 EL Wasser** hinzufügen und zugedeckt bei schwacher Hitze 30 bis 40 Minuten dünsten. Mit **1–2 EL Zitronensaft** würzen. Nach Belieben **2 Handvoll Wildkräuter** kurz mitdünsten. Löwenzahngemüse schmeckt lecker als Beilage oder solo mit Feta.

Die Rezepte sind jeweils für 2 Personen. Um Löwenzahn zu „ernten", muss man nicht unbedingt selbst über Wiesen wandern. Meist reicht der Weg zum südländischen Gemüsehändler.

ROTE-BETE-WOK

Das **Grün von 1 Bund Rote Bete (ca. 500 g)** waschen und trocken schütteln, die Blätter in schmale Streifen, die Stiele in kleine Stücke schneiden. **1 Knoblauchzehe** schälen und in feine Würfel schneiden. Im Wok **2 EL Olivenöl** erhitzen und den Knoblauch darin mit **½ TL Kreuzkümmelsamen** anrösten. Die Rote-Bete-Blätter unter Rühren 2 Minuten mitbraten. Mit **Salz, Pfeffer** und **2–3 Msp. Chiliflocken** würzen. **4–5 EL Gemüsebrühe** hinzufügen und die Blätter zugedeckt garen. **3 EL grob gehackte Walnusskerne** darüberstreuen. Das Rote-Bete-Gemüse schmeckt toll zu Omelette oder gegrilltem Käse (z.B. Feta oder Halloumi).

... FÜR JEDEN ANLASS

Auch als Beilage sollte Gemüse keine Nebenrolle spielen: Knackig gegart, steckt es voller Vitamine und kann immer wieder neu und aufregend kombiniert werden. Und: Es ist ruck, zuck zubereitet!

KNUSPER-ROSENKOHL

500 g Rosenkohl putzen, waschen und in einem Topf in wenig **Salzwasser** zugedeckt 15 bis 20 Minuten dünsten. **2 EL Kürbiskerne, 2 EL Mandelblättchen** und **1 EL getrocknete Cranberrys** im Blitzhacker grob zerkleinern. **1 Knoblauchzehe** schälen und zerschneiden. **1 Scheibe Vollkornbrot** in Stücke schneiden. **1 EL Thymianblättchen** mit Brot und Knoblauch im Blitzhacker zerkleinern. In einer Pfanne **2 EL Olivenöl** erhitzen, die Brösel darin goldbraun rösten, mit **Salz** und **Pfeffer** würzen. **2 EL gehackte Petersilie** untermischen und die Brösel über den Rosenkohl streuen. Passt zu Kartoffel-, Gemüsepüree oder Polenta.

PAK CHOI MIT SPROSSEN

4 kleine Pak Choi putzen, waschen und die Blätter quer in 3 cm breite Streifen schneiden. **1 Knoblauchzehe** und **2 cm Ingwer** schälen, den Knoblauch in Scheiben, den Ingwer in feine Würfel schneiden. In einer Pfanne oder im Wok **2 EL Rapsöl** erhitzen, Pak Choi und Knoblauch darin bei starker Hitze 1 Minute andünsten. **2 EL Tamari, 4–5 EL Wasser**, Ingwer, wenig **Salz** und **Pfeffer** hinzufügen. Pak Choi bei schwacher Hitze weitere 3 bis 5 Minuten dünsten, dabei zum Schluss **100 g Mungbohnensprossen** untermischen. Passt zu Asia-Gerichten, z.B. zu gedämpftem Tofu (siehe S. 126), Röst-Tofu (siehe S. 112) und Reis.

Die Rezepte sind jeweils für 1 Person. Pak Choi gibt es inzwischen häufig im Supermarkt, ansonsten im Asienladen. Ersatzweise kann man auch mal Chinakohl nehmen.

BUNTES OFENGEMÜSE MIT RÖST-TOFU

FÜR 2 PERSONEN
ZUBEREITUNG: 35 Min.
GAREN: 40 Min.
PRO PORTION: ca. 690 kcal

FÜR DAS GEMÜSE:

1 Stange Lauch
1 Fenchelknolle
200 g Rosenkohl
2 Möhren
1 kleine Süßkartoffel
je 1 rote und grüne Paprikaschote
½ Bund Thymian
1 Knoblauchzehe
2 EL Olivenöl
Salz, Pfeffer aus der Mühle
2 Msp. Chiliflocken
Saft von ½ Orange
100 ml Gemüsebrühe

FÜR DEN RÖST-TOFU:

½ Bund Thymian
½ Bio-Orange
1 Knoblauchzehe
1 TL Senf, 3 EL Olivenöl
200 g Tofu
Salz, Pfeffer aus der Mühle
2–3 Msp. Chiliflocken

1 Für das Gemüse den Backofen auf 200 °C vorheizen. Den Lauch putzen, längs halbieren, waschen und in etwa 5 mm breite Ringe schneiden. Den Fenchel putzen, waschen und längs achteln, dabei den harten Strunk entfernen. Den Rosenkohl putzen, waschen und längs halbieren. Die Möhren schälen und in etwa 3 mm dicke Scheiben schneiden. Die Süßkartoffel schälen und in etwa 2 cm große Würfel schneiden.

2 Die Paprikaschoten längs halbieren, entkernen, waschen und in etwa 2 × 4 cm große Stücke schneiden. Den Thymian waschen, trocken schütteln und die Blättchen abzupfen. Den Knoblauch schälen und in Scheiben schneiden. Das vorbereitete Gemüse in einem tiefen Backblech mit Öl, Salz, Pfeffer und Chiliflocken mischen und im Ofen (Umluft 180 °C) auf der mittleren Schiene 10 bis 15 Minuten bissfest garen.

3 Inzwischen für den Röst-Tofu den Thymian waschen und trocken schütteln, die Blättchen abzupfen und fein hacken. Die Orange heiß waschen und trocken reiben, die Schale abreiben und den Saft auspressen. Den Knoblauch schälen, in eine kleine Schüssel pressen und mit Thymian, Orangenschale, 3 EL Orangensaft, Senf und Öl zu einer Marinade verrühren. Den Tofu trocken tupfen und in 2 cm große Würfel schneiden. Mit der Marinade mischen und mit Salz, Pfeffer und Chiliflocken würzen. Den Tofu auf einem mit Backpapier ausgelegten Blech verteilen.

4 Das Ofengemüse mit dem Orangensaft und der Brühe mischen und weitere 30 bis 35 Minuten garen. Den Tofu auf der unteren Schiene in den Ofen geben und, falls möglich, auf Umluftbetrieb (180 °C) einstellen. Den Tofu nach etwa 20 Minuten, wenn er leicht gebräunt ist, durchrühren und weitere 10 bis 15 Minuten garen. Das Ofengemüse mit dem Tofu anrichten.

GRÜNE FALAFEL MIT KORIANDER-DIP

FÜR 2 PERSONEN
ZUBEREITUNG: 35 Min.
GAREN: 35 Min.
PRO PORTION: ca. 640 kcal

1 EL geschroteter oder
gemahlener Leinsamen
1 Dose Kichererbsen
(ca. 240 g Abtropfgewicht)
1 kleine Zwiebel
1 Knoblauchzehe
5 EL Olivenöl
je 1 Bund Koriander und
Petersilie (à ca. 50 g)
4 Stiele Minze
1 TL gemahlener Kreuz-
kümmel
½ TL gemahlener Koriander
2 Msp. Chiliflocken
Salz, Pfeffer aus der Mühle
2½ EL Naturjoghurt
2 EL Tahin (Sesammus)
3–4 EL Zitronensaft
8 große Salatblätter
(z.B. Römersalat)
3 Tomaten
½ Bio-Salatgurke

1 Den Backofen auf 225 °C (Umluft 200 °C) vorheizen. Den Leinsamen mit 3 EL Wasser verrühren und quellen lassen. Die Kichererbsen in ein Sieb abgießen, dabei die Abtropfflüssigkeit auffangen. Die Zwiebel und den Knoblauch schälen und in feine Würfel schneiden. 1 EL Öl in einer Pfanne erhitzen, Zwiebel und Knoblauch darin goldgelb andünsten. Die Kräuter waschen und trocken schütteln, den Koriander und die Petersilie samt Stielen grob schneiden, die Minzeblätter abzupfen.

2 Kichererbsen, Leinsamen, Zwiebelmischung, 3 EL Öl und jeweils die Hälfte der Kräuter mit Chili, Salz und Pfeffer in den Blitzhacker geben. Alles nicht zu fein pürieren und dabei, falls nötig, wenig Abtropfflüssigkeit hinzufügen. Aus der Kichererbsenmasse 8 Taler formen und diese auf ein mit Backpapier ausgelegtes Blech legen. Die Taler mit etwas Öl bestreichen und im Ofen auf der mittleren Schiene 30 bis 35 Minuten backen, dabei einmal wenden und wiederum mit etwas Öl bestreichen.

3 Inzwischen den übrigen Koriander und die restliche Petersilie mit 1 EL Joghurt im Blitzhacker fein pürieren. Tahin, übrigen Joghurt, Zitronensaft und 6 bis 8 EL Wasser (je nach gewünschter Konsistenz) mit dem Kräuterpüree verrühren. Den Dip mit Salz und Pfeffer würzen. Die Salatblätter waschen und trocken schütteln. Die Tomaten waschen und in Scheiben schneiden, dabei die Stielansätze entfernen. Die Gurke waschen, längs vierteln oder achteln und in Stücke schneiden.

4 Die Salatblätter auf Teller oder eine Platte legen und Tomaten und Gurke darauf verteilen. Die Falafel daraufsetzen, mit etwas Sauce beträufeln und mit den übrigen zerzupften Minzeblättern und nach Belieben mit Chiliflocken bestreuen.

HIRSE-LAUCH-TALER MIT PETERSILIENPÜREE

1 Für die Taler in einem Topf die Brühe aufkochen, die Hirse einrühren und 5 Minuten kochen lassen. Dann zugedeckt bei schwacher Hitze 15 bis 20 Minuten ausquellen und anschließend auskühlen lassen.

2 Währenddessen die Keimlinge auf einem Sieb abbrausen und abtropfen lassen. Den Lauch putzen, längs halbieren und waschen, zuerst längs in schmale Streifen, dann quer in feine Stücke schneiden. Den Knoblauch schälen und in feine Würfel schneiden. In einer Pfanne 1 EL Öl erhitzen, Lauch und Knoblauch darin goldgelb andünsten. Die Keimlinge unterrühren, kurz mitbraten und die Pfanne vom Herd nehmen.

3 Für das Püree die Petersilienwurzeln schälen und in Stücke schneiden. Mit Brühe, Hafersahne sowie etwas Salz und Pfeffer in einem Topf 15 bis 20 Minuten weich garen.

4 Währenddessen für die Taler die Petersilie waschen und trocken schütteln, die Blätter abzupfen und fein hacken. Die Hirse und die Lauch-Keimling-Mischung mit Petersilie, Ei, Mehl und Oregano zu einer formbaren Masse vermischen, kräftig mit Salz und Pfeffer würzen und 10 Minuten ruhen lassen. Dann aus der Hirsemasse 8 Taler formen.

5 Die Petersilie waschen und trocken schütteln, die Blätter abzupfen und grob hacken. Mit dem Zitronensaft unter die Petersilienwurzeln mischen und erhitzen, bis die Petersilie zusammenfällt. Alles mit dem Stabmixer fein pürieren und warm halten.

6 In einer Pfanne das übrige Öl erhitzen und die Taler darin auf beiden Seiten je 4 bis 5 Minuten braun und knusprig braten. Die Hirse-Lauch-Taler mit dem Petersilienpüree auf Teller verteilen.

FÜR 2 PERSONEN
ZUBEREITUNG: 1 Std. 10 Min.
PRO PORTION: ca. 660 kcal

FÜR DIE TALER:

¼ l Gemüsebrühe (Fertigprodukt oder selbst gemacht, siehe Tipp S. 82)
100 g Hirse
100 g Keimlinge
(z. B. gekeimte Mungbohnen oder Asia-Sprossen-Mix)
1 große Stange Lauch
1 Knoblauchzehe
3 EL Olivenöl
½ Bund Petersilie
1 Ei
2–3 EL Weizenvollkornmehl
½ TL getrockneter Oregano
Salz, Pfeffer aus der Mühle

FÜR DAS PÜREE:

500 g Petersilienwurzeln
200 ml Gemüsebrühe
125 ml Hafersahne
Salz, Pfeffer aus der Mühle
1 kleines Bund Petersilie
1–2 EL Zitronensaft

SPINATNOCKEN AUF LINSENGEMÜSE

FÜR 2 PERSONEN
ZUBEREITUNG: 1 Std. 10 Min.
RUHEN: 1 Std.
PRO PORTION: ca. 640 kcal

FÜR DIE NOCKEN:

400 g Wurzelspinat
½ Bund Petersilie
1 Zwiebel
1 EL Olivenöl
Salz, Pfeffer aus der Mühle
50 g Greyerzer (oder anderer
würziger Bergkäse)
150 g Ricotta
1 Ei
70 g Polenta
frisch geriebene Muskatnuss

FÜR DIE LINSEN:

1 Zwiebel
2 Stangen Staudensellerie
1 EL Olivenöl
75 g Le-Puy-Linsen
200 g stückige Tomaten
(Tetrapak)
50 ml Gemüsebrühe
Salz, Pfeffer aus der Mühle
½ Bund Petersilie

1 Für die Nocken den Spinat putzen, waschen und abtropfen lassen, grobe Stiele entfernen. Die Petersilie waschen und trocken schütteln, die Blätter abzupfen und fein hacken. Die Zwiebel schälen und in feine Würfel schneiden. In einer Pfanne das Öl erhitzen und die Zwiebel darin goldgelb andünsten. Den Spinat dazugeben, mit Salz und Pfeffer würzen und bei starker Hitze unter Rühren zusammenfallen lassen. Die Petersilie untermischen und abkühlen lassen. Die Spinatmischung gut ausdrücken und fein hacken.

2 Den Käse fein reiben und mit Ricotta, Ei und Polenta in einer Schüssel verrühren. Mit Salz, Pfeffer und Muskatnuss würzen, den Spinat untermischen und die Masse zugedeckt im Kühlschrank etwa 1 Stunde durchziehen lassen.

3 Für die Linsen die Zwiebel schälen und in feine Würfel schneiden. Den Sellerie putzen (das Grün beiseitelegen), waschen, längs halbieren und in Scheiben schneiden. Das Öl in einem Topf erhitzen, die Zwiebel und den Sellerie darin andünsten. Die Linsen unterrühren, dann die Tomaten und die Brühe dazugeben, mit Salz und Pfeffer würzen. Die Linsen zugedeckt 25 bis 30 Minuten garen.

4 Inzwischen die Petersilie waschen und trocken schütteln, die Blätter abzupfen und mit dem Selleriegrün grob hacken. In einem weiten Topf reichlich Salzwasser zum Kochen bringen. Aus der Polenta-Spinat-Masse mithilfe von zwei angefeuchteten Esslöffeln etwa 10 Nocken formen. Die Nocken in das siedende (nicht kochende!) Wasser gleiten lassen und 8 bis 10 Minuten gar ziehen lassen – sie sind fertig, wenn sie an die Oberfläche steigen.

5 Die Linsen mit Petersilie und Selleriegrün mischen und auf Teller verteilen. Die Spinatnocken mit dem Schaumlöffel herausheben und auf dem Linsengemüse anrichten.

GRÜNER CHILI-BOHNEN-BURGER

FÜR 2–4 PERSONEN
ZUBEREITUNG: 50 Min.
PRO PORTION (BEI 4 PER-SONEN): ca. 400 kcal

FÜR DIE PATTYS:

1 Dose Kidneybohnen
(ca. 240 g Abtropfgewicht)
1 Zwiebel, 1 Knoblauchzehe
1 EL Olivenöl
1 EL Tomatenmark
1 TL getrockneter Oregano
1 TL Chiligewürz (ersatzweise
¾ TL gemahlener Kreuzküm-mel und ½ TL Cayennepfeffer)
Salz, Pfeffer aus der Mühle
100 g gegarter Reis
(vom Vortag)
2 EL Kichererbsenmehl

AUSSERDEM:

4 Burgerbrötchen
(ersatzweise Sesambrötchen)
100 g Alfalfa-Sprossen
1 große Tomate
1 rote Zwiebel
8 Blätter Kopfsalat
1 Avocado
3–4 EL Olivenöl zum Braten

Hier darf man ruhig mal schwach werden: Saftig, üppig und einfach nur zum Anbeißen steht der Bohnenburger seinem Kollegen aus Rindfleisch in nichts nach. Wer es Low Carb mag, packt ihn in Salat-blätter statt in Weizenbrötchen.

1 Für die Pattys die Bohnen in ein Sieb abgießen, dabei den cre-migen Bodensatz und etwas Flüssigkeit auffangen. Die Zwiebel und den Knoblauch schälen und in feine Würfel schneiden. Das Öl in einem Topf erhitzen, die Zwiebel und den Knoblauch darin goldgelb andünsten. Das Tomatenmark kurz mitdünsten, dann die Bohnen und 4 bis 5 EL Abtropfflüssigkeit dazugeben. Mit Orega-no und Chiligewürz würzen und die Bohnen offen 3 bis 4 Minu-ten köcheln lassen, sodass die Flüssigkeit verdunstet. Mit Salz und Pfeffer würzen und leicht abkühlen lassen.

2 Die Bohnen mit dem Stabmixer nicht zu fein pürieren. Das Bohnenpüree in einer Schüssel mit Reis und Kichererbsenmehl mischen und mit Salz und Pfeffer würzen. Aus der Masse mit an-gefeuchteten Händen 4 flache Pattys formen.

3 Die Burgerbrötchen nach Packungsanweisung aufbacken und quer halbieren. Die Sprossen auf einem Sieb abbrausen und tro-cken tupfen. Die Tomate waschen und quer in Scheiben schneiden, dabei den Stielansatz entfernen. Die Zwiebel schälen und in Ringe schneiden. Den Salat waschen und trocken schütteln. Die Avocado halbieren und den Stein entfernen, die Hälften schälen und in Scheiben schneiden.

4 Das Öl in einer Pfanne erhitzen und die Pattys darin auf beiden Seiten jeweils 4 bis 5 Minuten knusprig braun braten. Die unteren Brötchenhälften jeweils mit 2 Salatblättern, 1 Patty, Avocado, Zwiebeln, Tomate und Sprossen belegen. Die oberen Brötchen-hälften daraufsetzen und die Burger sofort servieren.

GRÜNES KOKOS-CURRY MIT MAISKÖLBCHEN

FÜR 2 PERSONEN
ZUBEREITUNG: 20 Min.
GAREN: 20 Min.
PRO PORTION: ca. 180 kcal

1 Zucchino (ca. 100 g)
1 grüne Paprikaschote
200 g Mini-Maiskolben
1 Stange Staudensellerie
4 gelbe oder grüne Thai-Auberginen
¼ l Kokosmilch
1 EL grüne Thai-Currypaste
(Fertigprodukt oder selbst
gemacht, siehe S. 140)
1 EL Tamari (Sojasauce)
6 Kaffir-Limettenblätter
(siehe Tipp)
Salz
3–4 Stiele Thai-Basilikum
2 EL Limettensaft
brauner Zucker

1 Den Zucchino putzen, waschen und in 5 mm dicke Scheiben schneiden. Die Paprikaschote längs halbieren, entkernen, waschen und in etwa 2 cm große Stücke schneiden. Die Maiskolben waschen und schräg halbieren. Den Sellerie putzen, waschen und schräg in dünne Scheiben schneiden. Die Auberginen putzen, waschen und längs vierteln.

2 Von der Kokosmilch den dicken „Rahm" abnehmen und in einem Topf erhitzen. Die Currypaste mitdünsten, bis alle Flüssigkeit verdampft ist. Dann die übrige Kokosmilch, Sojasauce, Limettenblätter, das vorbereitete Gemüse und etwas Salz dazugeben und alles zugedeckt 15 bis 20 Minuten garen.

3 Inzwischen das Thai-Basilikum waschen, trocken schütteln und die Blätter abzupfen. Das Kokos-Curry mit Limettensaft, 2 Prisen braunem Zucker und Salz abschmecken. Mit Thai-Basilikum bestreut servieren. Dazu passt Reis.

TIPP

Kaffir-Limettenblätter gibt es seit einigen Jahren auch im Asienladen fast nur noch tiefgekühlt zu kaufen. Die TK-Blätter kann man problemlos einzeln entnehmen und den Rest wieder tiefkühlen.

SCHARFES WOKGEMÜSE MIT MANGOLD

1 Die Frühlingszwiebeln putzen und waschen, den weißen Teil in 2 cm breite Stücke, das Grün in feine Ringe schneiden. Den Knoblauch und den Ingwer schälen und in feine Würfel schneiden. Die Möhre schälen und schräg in dünne Scheiben oder in feine Stifte schneiden. Den Sellerie putzen, waschen und schräg in dünne Scheiben schneiden.

2 Die Paprikaschote längs halbieren, entkernen, waschen und quer in breite Streifen schneiden. Den Mangold waschen, trocken schütteln und ebenfalls quer in breite Streifen schneiden. Die gekeimten Mungbohnen auf einem Sieb abbrausen und abtropfen lassen. Den Koriander waschen und trocken schütteln, die Blätter abzupfen und grob schneiden.

3 Den Wok erhitzen und das Öl hineingeben. Die weißen Frühlingszwiebelstücke, Knoblauch, Ingwer, Möhre, Sellerie und Paprika darin unter Rühren 2 bis 3 Minuten braten. Mit Sojasauce ablöschen. Die Brühe, Chili- und Hoisinsauce unterrühren und das Gemüse etwa 5 Minuten leicht bissfest garen.

4 Grüne Frühlingszwiebelringe, Mangold und Sprossen unterrühren und weitergaren, bis der Mangold leicht zusammenfällt. Das Wokgemüse mit Koriander bestreuen und mit Reis servieren.

TIPP

Junges Gemüse bringt den besonderen Biss in dieses Wokgemüse. Deshalb verwendet man dafür junge Mangoldblätter mit Stielen und nicht den zarten Baby-Mangold.

FÜR 2 PERSONEN
ZUBEREITUNG: 35 Min.
PRO PORTION: ca. 290 kcal

4 Frühlingszwiebeln
1 Knoblauchzehe
2 cm Ingwer
1 dicke Möhre
1 Stange Staudensellerie
1 rote Spitzpaprikaschote
150 g junger Mangold (vorzugsweise mit roten Stielen; siehe Tipp)
100 g gekeimte Mungbohnen (siehe S. 22)
1½ Bund Koriander
2 EL neutrales Pflanzenöl
3 EL Tamari (Sojasauce)
125 ml Gemüsebrühe
1 TL scharfe Chilisauce (z.B. Sriracha)
1 TL Hoisinsauce

WINTER-CURRY MIT SCHWARZKOHL UND BROKKOLI

FÜR 2 PERSONEN
ZUBEREITUNG: 25 Min.
GAREN: 30 Min.
PRO PORTION: ca. 290 kcal

250 g Schwarzkohlblätter
(oder zarte Grünkohlblätter)
250 g Brokkoli
2 festkochende Kartoffeln
(ca. 200 g)
1 Zwiebel
1 Knoblauchzehe
6 cm Ingwer
1 EL Kokosöl
1–2 EL ind. Currypaste
(z. B. Madras-Currypaste)
2 EL Naturjoghurt
200 g stückige Tomaten
(Tetrapak)
Salz, Pfeffer aus der Mühle
1 Bund Koriander
¼ TL Garam Masala

Ayurveda oder Kamasutra – das ist kein Widerspruch in indischen Töpfen. Hier kommt hinein, was scharf macht und gesund ist. Ingwer, Curry und Garam Masala bringen nicht nur Kartoffeln und Kohl, sondern auch die Geschmacksnerven zum Glühen.

1 Den Schwarzkohl waschen und trocken schütteln, dicke Stiele entfernen und die Blätter quer in 1 cm breite Streifen schneiden. Den Brokkoli putzen, waschen und in Röschen teilen, den Strunk schälen und in Stifte schneiden. Die Kartoffeln schälen und in etwa 2 cm große Würfel schneiden. Zwiebel, Knoblauch und Ingwer schälen und getrennt in feine Würfel schneiden.

2 Das Kokosöl in einem Topf erhitzen, die Zwiebel und den Knoblauch darin goldgelb andünsten. Den Ingwer und die Currypaste unter Rühren kurz mitrösten. Schwarzkohl, Brokkoli und Joghurt untermischen und 2 Minuten mitdünsten. Die Kartoffeln und die Tomaten hinzufügen, mit Salz und Pfeffer würzen. Das Gemüse zugedeckt 25 bis 30 Minuten garen, dabei gelegentlich umrühren und, falls nötig, ein wenig Wasser dazugeben.

3 Den Koriander waschen und trocken schütteln, die Blätter abzupfen und grob hacken. Das Curry mit Garam Masala würzen, mit Salz und Pfeffer abschmecken und mit dem Koriander bestreuen. Das Winter-Curry nach Belieben mit (Vollkorn-)Reis oder Fladenbrot servieren.

GEDÄMPFTER TOFU MIT SPINAT UND WÜRZSAUCE

FÜR 2 PERSONEN
ZUBEREITUNG: 30 Min.
PRO PORTION: ca. 410 kcal

600 g Spinat
1 Knoblauchzehe
2 Frühlingszwiebeln
1 Packung fester Seidentofu
(ca. 350 g; siehe Tipp)
1 EL Nori- oder Arame-
Algenflocken
1 EL Sesamsamen
3 EL Tamari (Sojasauce)
½ – ¾ TL scharfe Chilisauce
(z. B. Sriracha)
2 EL Sesamöl
1 EL Olivenöl
Salz, Pfeffer aus der Mühle

1 Den Spinat verlesen, waschen und abtropfen lassen, grobe Stiele entfernen. Den Knoblauch schälen und in feine Würfel schneiden. Die Frühlingszwiebeln putzen, waschen, trocken schütteln und in feine Ringe schneiden. Den Tofu abgießen, auf einen Teller setzen und mit den Algenflocken bestreuen. In einem großen Topf wenig Wasser zum Kochen bringen und einen Dämpfkorb oder Dämpfeinsatz hineinstellen. Den Tofu auf dem Teller hineingeben und zugedeckt 12 bis 15 Minuten dämpfen.

2 Inzwischen die Sesamsamen in einer Pfanne ohne Fett rösten, bis sie duften. Die Sojasauce mit der Hälfte des Knoblauchs, der Chilisauce und 1 EL Sesamöl verrühren, den Sesam und die Frühlingszwiebeln untermischen.

3 Das Olivenöl in einem Topf erhitzen und den übrigen Knoblauch darin andünsten. Den Spinat dazugeben und bei starker Hitze zusammenfallen lassen, mit Salz und Pfeffer würzen. Den Spinat auf Teller verteilen und mit dem übrigen Sesamöl beträufeln.

4 Den Tofu in vier Stücke schneiden, auf dem Spinat anrichten und die Würzsauce darübergießen.

TIPP

Im Gegensatz zu herkömmlichem, großporigem Tofu, den es in festen Blöcken zu kaufen gibt, enthält Seidentofu mehr Wasser und ist deshalb weicher und cremiger. In Asienläden gibt es außerdem Firm Silken Tofu, einen feinen Seidentofu mit fester Konsistenz.

SOBANUDELN
MIT EDAMAME UND PILZEN

1 Die Sojabohnen in kochendem Salzwasser etwa 8 Minuten garen, dann in ein Sieb abgießen und abtropfen lassen. Gleichzeitig die Sobanudeln nach Packungsanweisung garen, ebenfalls in ein Sieb abgießen und abtropfen lassen. Sojabohnen und Nudeln lauwarm abkühlen lassen.

2 Inzwischen die Pilze putzen und, falls nötig, mit einem Tuch abreiben. Die Stiele entfernen und die Hüte in dicke Scheiben schneiden. Die Frühlingszwiebeln putzen, waschen und in Ringe schneiden. Die Avocado halbieren und den Stein entfernen, die Hälften schälen, das Fruchtfleisch in Würfel schneiden und mit dem Zitronensaft mischen.

3 Die Sesamsamen und Algenflocken in einer kleinen Pfanne unter Rühren rösten, bis sie duften. Auf einem Teller abkühlen lassen und mit den Chiliflocken mischen. Das Pflanzenöl in der Pfanne erhitzen und die Pilze darin bei starker Hitze braun braten. Mit Salz und Pfeffer würzen und die Pfanne vom Herd nehmen.

4 Nudeln, Sojabohnen, Pilze, Avocado und Frühlingszwiebeln mit dem Sesamöl in einer Schüssel mischen, mit Salz und Pfeffer würzen. Auf Teller verteilen und mit der Sesam-Algenflocken-Mischung bestreuen.

TIPP

Edamame sind grüne, noch unreife Sojabohnen. Man kann sie ausgelöst und tiefgefroren im Asienladen kaufen. Die grünen Bohnenkerne haben es wirklich in sich, sie liefern reichlich Eiweiß, Omega-3-Fettsäuren und Vitamine.

FÜR 2 PERSONEN
ZUBEREITUNG: 25 Min.
PRO PORTION: ca. 610 kcal

200 g ausgelöste TK-Edamame
(Sojabohnenkerne; siehe Tipp)
Salz
100 Sobanudeln
100 g Shiitake-Pilze
3 Frühlingszwiebeln
1 kleine Avocado
1 EL Zitronensaft
2 EL Sesamsamen
1 EL Nori- oder Arame-
Algenflocken
2–3 Msp. Chiliflocken
1 EL Pflanzenöl
1 EL geröstetes Sesamöl
Pfeffer aus der Mühle

SPAGHETTI MIT ZUCCHINI-CASHEW-CARBONARA

Immer eine Sünde wert – und das ohne Reue! Denn hier gibt es die cremige Pasta-Kultsauce in einer Variante ganz ohne Sahne und Speck. Wer's knackiger und glutenfrei mag, tauscht die Spaghetti gegen Zucchinispiralen und lässt die gebratenen Zucchini weg.

1 Am Vortag die Cashewnüsse mit reichlich Wasser in eine Schüssel geben und über Nacht quellen lassen.

2 Am Zubereitungstag die Zwiebel und den Knoblauch schälen und getrennt in feine Würfel schneiden. 1 EL Öl in einer Pfanne erhitzen und die Zwiebel und die Hälfte des Knoblauchs darin goldgelb andünsten. Mit 100 ml Brühe ablöschen und köcheln lassen, bis die Zwiebel weich und die Flüssigkeit fast verdampft ist.

3 Die Cashewnüsse abgießen (dabei das Einweichwasser auffangen) und mit der Zwiebelmischung und Petersilie im Blitzhacker fein pürieren, dabei so viel Brühe oder Einweichwasser hinzufügen, dass eine sämige Sauce entsteht. Mit Salz, Pfeffer, Muskatnuss und Zitronensaft würzen.

4 Die Spaghetti in reichlich kochendem Salzwasser nach Packungsanweisung bissfest garen. Inzwischen die Zucchini putzen, waschen und in Scheiben schneiden. Den Thymian waschen und trocken schütteln, die Blättchen abzupfen und grob hacken.

5 Das übrige Öl in einer großen Pfanne erhitzen. Die Zucchini und den restlichen Knoblauch darin braun braten, eventuell mit wenig Wasser ablöschen. Zum Schluss den Thymian dazugeben und mit Salz und Pfeffer würzen. Die Spaghetti abgießen und mit der Cashewnusssauce zu den Zucchini geben. Alles zusammen erhitzen und auf Teller verteilen.

FÜR 2 PERSONEN
ZUBEREITUNG: 30 Min.
QUELLEN: 12 Std.
PRO PORTION: ca. 900 kcal

75 g Cashewnusskerne
1 Zwiebel
2 Knoblauchzehen
3 EL Olivenöl
100–125 ml Gemüsebrühe
3 EL gehackte Petersilie
Salz, Pfeffer aus der Mühle
frisch geriebene Muskatnuss
2 Spritzer Zitronensaft
250 g Dinkelspaghetti
3 kleine Zucchini
½ Bund Thymian

NUDELN MIT BROKKOLI UND KNUSPERBRÖSELN

FÜR 2 PERSONEN
ZUBEREITUNG: 30 Min.
PRO PORTION: ca. 770 kcal

400 g Brokkoli
Salz
200 g kurze (Vollkorn-)Nudeln
(z. B. Orecchiette)
1 Knoblauchzehe
1 rote Peperoni
8 in Öl eingelegte, getrocknete
Tomaten
8 schwarze Oliven (entsteint)
30 g Kapern
4 EL Olivenöl
3 EL Dinkel-Paniermehl
2 EL Mandelblättchen
Pfeffer aus der Mühle

1 Den Brokkoli putzen, waschen und in Röschen teilen. Den Stiel schälen und in kleine Würfel schneiden. Brokkoliröschen und -stiel in kochendem Salzwasser 8 bis 10 Minuten bissfest garen. Gleichzeitig die Nudeln in reichlich kochendem Salzwasser nach Packungsanweisung bissfest garen. Brokkoli und Nudeln jeweils in ein Sieb abgießen und abtropfen lassen.

2 Inzwischen den Knoblauch schälen und in Scheiben schneiden. Die Peperoni längs halbieren, entkernen, waschen und in feine Streifen schneiden. Die Tomaten abtropfen lassen und in Streifen schneiden. Die Oliven halbieren und die Kapern grob hacken.

3 In einer Pfanne 2 EL Öl erhitzen und den Knoblauch darin andünsten. Peperoni, Paniermehl und Mandelblättchen unter Rühren goldgelb mitrösten. Kapern, Tomaten und Oliven untermischen.

4 Nudeln, Brokkoli und das übrige Öl mischen und mit Pfeffer würzen. Die Nudeln auf Teller verteilen und mit der Bröselmischung sowie nach Belieben mit Parmesan bestreuen.

TIPP

Oliven, Mandeln und andere Nüsse liefern reichlich Fett – allerdings äußerst gesundes: In Studien wurde festgestellt, dass sich die darin enthaltenen ungesättigten Fettsäuren positiv bei Übergewicht, Bluthochdruck und Diabetes auswirken. Also ran ans richtige Fett!

SPAGHETTI MIT KÜRBIS UND RADICCHIO

1 Den Kürbis waschen, die Kerne und Fasern mit einem Löffel entfernen. Den Kürbis samt Schale grob raspeln. Den Lauch putzen, längs halbieren und waschen, zuerst längs in schmale Streifen, dann quer in kleine Stücke schneiden. Die Schalotte und den Knoblauch schälen und in feine Würfel schneiden. Den Thymian waschen und trocken schütteln, die Blättchen abzupfen und fein hacken. Die Walnüsse grob hacken.

2 In einem Topf 2 EL Öl erhitzen. Die Schalotte, die Hälfte des Knoblauchs und den Lauch darin unter Rühren andünsten, bis der Lauch leicht bräunt. Das Tomatenmark kurz mitdünsten. Dann den Kürbis mitdünsten, mit Salz, Pfeffer und Chiliflocken würzen. Die Brühe hinzufügen und den Kürbis zugedeckt 20 bis 25 Minuten garen, dabei nach etwa der Hälfte der Garzeit die Mandelsahne und den Thymian hinzufügen.

3 Inzwischen die Nudeln in reichlich Salzwasser nach Packungsanweisung garen. Dann in ein Sieb abgießen und abtropfen lassen. Inzwischen den Radicchio putzen, waschen und längs achteln, dabei den Strunk so herausschneiden, dass die Blätter gerade noch zusammenhalten. Das übrige Öl in einer Pfanne erhitzen und den Radicchio darin mit dem übrigen Knoblauch bei starker Hitze anbraten, bis der Salat zusammenfällt. Essig und Ahornsirup unterrühren, mit Salz und Pfeffer würzen und den Radicchio bei schwacher Hitze warm halten.

4 Den Kürbis samt Flüssigkeit im Topf mit dem Stabmixer pürieren. Die Nudeln untermischen und erhitzen. Die Nudeln mit der Kürbissahne auf Teller verteilen und den Radicchio darauf anrichten. Etwas Pfeffer darübermahlen und die Spaghetti mit Walnüssen bestreut servieren.

FÜR 2 PERSONEN
ZUBEREITUNG: 45 Min.
PRO PORTION: ca. 700 kcal

350 g Hokkaido-Kürbis
50 g Lauch
1 Schalotte
1 Knoblauchzehe
4 Zweige Thymian
2 EL Walnusskerne
3 EL Olivenöl
1 TL Tomatenmark
Salz, Pfeffer aus der Mühle
1–2 Msp. Chiliflocken
¼ l Gemüsebrühe (Fertigprodukt oder selbst gemacht, siehe Tipp S. 82)
150 ml Mandelsahne
150 g Spaghetti
250 g Radicchio
1 EL Aceto balsamico
1 TL Ahornsirup

NUDELAUFLAUF MIT GRÜNER KRUSTE

FÜR 2 PERSONEN
ZUBEREITUNG: 30 Min.
GAREN: 30 Min.
PRO PORTION: ca. 930 kcal

FÜR DEN AUFLAUF:

1 Romanesco (ca. 500 g;
ersatzweise Blumenkohl)
Salz
180 g (Vollkorn-)Hörnchen-
nudeln
60 g Bergkäse
80 g Sahne
1 EL Crème fraîche
50 ml Gemüsebrühe
Pfeffer aus der Mühle

FÜR DIE KRUSTE:

40 g Vollkornbrot
40 g Parmesan
20 g Mandeln
1 Knoblauchzehe
4 Stiele Basilikum
¼ Bund Petersilie
1–2 Staudensellerieblätter
2–3 EL Olivenöl
Salz, Pfeffer aus der Mühle

1 Für den Auflauf den Romanesco putzen, waschen und in Rös-chen teilen, große Röschen eventuell halbieren. Den Romanesco in kochendem Salzwasser etwa 15 Minuten bissfest garen, dann in ein Sieb abgießen und abtropfen lassen. Die Nudeln in reichlich ko-chendem Salzwasser nach Packungsanweisung bissfest garen, eben-falls in ein Sieb abgießen und abtropfen lassen.

2 Inzwischen für die Kruste das Vollkornbrot in Stücke schnei-den, den Parmesan grob zerbröckeln und beides mit den Mandeln im Blitzhacker grob zerkleinern. Den Knoblauch schälen und grob hacken. Die Kräuter und die Sellerieblätter waschen und trocken schütteln, grob schneiden und mit Knoblauch und Öl zu der Brot-Parmesan-Mischung in den Blitzhacker geben. Alles zu einer fei-nen Masse pürieren und leicht mit Salz und Pfeffer würzen.

3 Den Backofen auf 200 °C vorheizen. Den Bergkäse fein reiben und in einem Schälchen mit Sahne, Crème fraîche und Brühe ver-rühren. Mit Salz und Pfeffer würzen. Die Käsesauce mit Nudeln und Romansco in einer ofenfesten Form mischen. Alles mit der Bröselmasse bestreuen und den Auflauf im Ofen (Umluft 180 °C) auf der mittleren Schiene 25 bis 30 Minuten goldbraun backen.

TIPP

Die Bröselkruste passt auch gut auf einen Zucchini-Auberginen-Auflauf. Dafür einfach feine Zucchini-, Auberginen- und Tomaten-scheiben in eine Auflaufform schichten, mit Salz und Pfeffer würzen und wie den Nudelauflauf mit der Bröselkruste überbacken.

GRÜNE PIZZA MIT ARTISCHOCKEN UND RUCOLA

FÜR 2–4 PERSONEN
ZUBEREITUNG: 45 Min.
GEHEN: 5 Std. 45 Min.
PRO PERSON (BEI 4 PER-SONEN): ca. 570 kcal

FÜR DEN TEIG:

¼ Würfel Hefe (ca. 10 g)
½ TL Honig
150 g Dinkelmehl (Type 630)
100 g Dinkelvollkornmehl
Salz
3 EL Olivenöl
Mehl für die Arbeitsfläche

FÜR DEN BELAG:

1 Knoblauchzehe
3 EL Olivenöl
200 g stückige Tomaten (Tetrapak)
Salz, Pfeffer aus der Mühle
1 Dose Artischockenherzen (in Salzlake; 240 g Abtropfgewicht)
125 g Büffelmozzarella
50 g Parmesan
je 70 g Rucola und Baby-Mangold
1 Bund Basilikum

1 Für den Teig Hefe, Honig und 50 ml lauwarmes Wasser verrühren und zugedeckt an einem warmen Ort 15 Minuten gehen lassen. Inzwischen beide Mehlsorten mit ¾ TL Salz in einer Rührschüssel mischen. Das Öl mit 80 ml lauwarmem Wasser verrühren und mit dem Hefeansatz zum Mehl geben. Alles mit den Knethaken des Handrührgeräts auf niedriger Stufe 4 Minuten zu einem weichen Teig verkneten, dabei, falls nötig, noch etwas Wasser dazugeben. Den Teig auf höchster Stufe weitere 3 bis 4 Minuten kneten. Dann auf der bemehlten Arbeitsfläche mehrmals von allen Seiten zur Mitte hin zusammenschlagen. Den Teig mit einem Küchentuch bedeckt an einem warmen Ort 30 Minuten gehen lassen.

2 Den Teig vierteln. Jedes Viertel auf der bemehlten Arbeitsfläche zu einem 1 cm dicken Fladen ausrollen, auf zwei mit Backpapier ausgelegte Bleche geben. Mit einem Tuch bedecken und an einem kühlen Ort 1 bis 5 Stunden ruhen lassen – je länger, desto besser.

3 Inzwischen für den Belag den Knoblauch schälen und in feine Würfel schneiden. In einer Pfanne 1 EL Öl erhitzen und den Knoblauch darin andünsten. Die Tomaten dazugeben, mit Salz und Pfeffer würzen. Die Sauce bei schwacher Hitze unter gelegentlichem Rühren etwa 30 Minuten sämig einköcheln, dann abkühlen lassen.

4 Den Backofen auf 250 °C vorheizen. Die Artischockenherzen abtropfen lassen und längs in Spalten schneiden. Den Mozzarella in Stücke schneiden. Den Parmesan in Späne hobeln. Rucola und Mangold verlesen, waschen und trocken schleudern. Basilikum waschen, trocken schütteln und die Blätter abzupfen. Die Teigfladen mit Tomatensauce bestreichen, mit Mozzarella und Artischocken belegen. Die Pizzas blechweise im Ofen auf der unteren Schiene etwa 15 Minuten knusprig backen. Vor dem Servieren Rucola, Mangold und Basilikum darüber verteilen. Die Pizzas mit dem übrigen Öl beträufeln, mit Parmesan, Salz und Pfeffer bestreuen.

Grün auf Vorrat

Sie sind wie gute Freunde,
immer da, wenn man sie braucht:
Gewürzmischungen und -pasten,
Pickles und eingelegtes Gemüse stehen
einsatzbereit im Schrank, um Nudeln
anzumachen und Salaten und Sandwiches
den besonderen Kick zu geben.
Da wird aus Freundschaft ganz schnell
echte Leidenschaft.

PESTO PRONTO

Pesto ist ruck, zuck gemacht und unglaublich vielseitig einsetzbar. Es passt nicht nur zu den obligatorischen Nudeln, es adelt auch Gemüsespaghetti oder gedünstetes Gemüse. Und natürlich ist Pesto ein perfekter Aufstrich für Crostini. *

BÄRLAUCH-PESTO

2 EL Sonnenblumenkerne in einer Pfanne ohne Fett rösten und abkühlen lassen. **150 g Bärlauch** waschen, trocken tupfen und in feine Streifen schneiden. **30 g Manchego** grob zerbröckeln. Alles mit **120 ml Olivenöl** und **1 EL Zitronensaft** im Blitzhacker fein pürieren. Das Pesto mit **Salz** und **Pfeffer** würzen.

KRESSE-PESTO

30 g Walnusskerne in einer Pfanne ohne Fett rösten und abkühlen lassen. **1 Bund Brunnenkresse (ca. 100 g)** und **25 g Petersilie** waschen, trocken tupfen und die Blätter abzupfen. **25 g Pecorino** zerbröckeln, **1 Knoblauchzehe** schälen und grob hacken. Alles mit **100 ml Olivenöl** und der **abgeriebenen Schale von ½ Bio-Zitrone** im Blitzhacker pürieren. Mit **Salz** und **Pfeffer** würzen.

MÖHREN-GRÜN-PESTO

Das Grün von **1 bis 2 Bund Möhren** waschen, trocken tupfen und die feinen Spitzen abzupfen (ca. 75 g). **2 EL Sesamsamen** ohne Fett rösten. **1 Knoblauchzehe** schälen und grob hacken. Alles mit **50 g gesalzenen, gerösteten Macadamianüssen**, **½ TL gemahlenem Kreuzkümmel**, **2 EL Limettensaft** und **100 ml Sonnenblumenöl** pürieren. Mit **Salz** und **Pfeffer** würzen.

*Die Rezepte ergeben jeweils 200 ml. Übrig gebliebenes Pesto mit einer dünnen Schicht Öl begießen – so hält es sich im Kühlschrank längere Zeit.

WÜRZWUNDER

GRÜNE CURRYPASTE

3 Schalotten, 5 cm Ingwer und **2 Knoblauchzehen** schälen und grob schneiden. **5 grüne Chilischoten** waschen und grob schneiden. **4 Stängel Zitronengras** putzen und fein hacken. Alles mit **3–4 EL Soja- oder Rapsöl** und **4 EL Limettensaft** im Blitzhacker pürieren, mit **Salz, ¾ TL gemahlenem Kreuzkümmel, 2 Msp. gemahlener Kurkuma** würzen. Für Currys, Wokgerichte oder Dips verwenden.

Da fehlt doch noch was … Ein kleines bisschen Würze mit dem besonderen Tick Raffinesse rundet den Geschmack vieler Gerichte erst richtig ab. Wie gut, wenn man für alle Fälle ein paar ganz besondere Schätze im Schrank hat. *

GRÜNE DUKKAH

3 EL Haselnusskerne, 3 EL Kürbiskerne und **2 EL Sesamsamen** in einer Pfanne rösten, im Blitzhacker hacken. **½ TL schwarze Pfefferkörner, 2 TL Kreuzkümmelsamen** und **1 TL Korianderkörner** in der Pfanne rösten, im Mörser mit **2 TL grobem Meersalz, 2–3 Msp. Chiliflocken** und **1 TL getrocknetem Oregano** zerstoßen. Alles mischen. Dukkah ist ein Sprinkle für Salat, Gemüse oder Brot mit Olivenöl.

GREEN FLAVOUR

40 g Petersilie, je **2 Stiele Estragon** und **Liebstöckel** sowie **50 g Bärlauch** waschen, trocken schütteln und grob schneiden. **Abgeriebene Schale von 1 Bio-Zitrone** mit Kräutern und **75 g grobem Meersalz** im Mörser zerreiben. Alles auf einem Blech im 50 °C heißen Backofen 4 bis 5 Stunden trocknen. Das Salz im Ofen abkühlen lassen. Das grüne Würzsalz verleiht Gerichten eine frische Note.

Die Currypaste hält sich in einem Schraubglas gut 2 Wochen im Kühlschrank. Grüne Dukkah und Green Flavour bleiben luftdicht verpackt an einem dunklen Ort mehrere Monate aromatisch.

KIMCHI MIT CHINAKOHL

FÜR 1 GLAS (CA. 2 L INHALT)
ZUBEREITUNG: 1 Std.
RUHEN: 4–5 Tage
PRO GLAS: ca. 600 kcal

250 g Chinakohl
150 g Meersalz (möglichst
ungereinigt)
1 kleine Zwiebel
4 Knoblauchzehen
3 cm Ingwer
1 kleiner Apfel
200 ml Gemüsebrühe
(Fertigprodukt oder selbst
gemacht, z. B. Asiabrühe,
siehe S. 94)
2 EL Reismehl (ersatzweise
3 EL gegarter Reis)
4 EL Chosun Ganjang
(korean. Sojasauce für Suppe;
oder Tamari-Sojasauce)
1 EL Zucker
ca. 70 g Gochugaru
(korean. Chilipulver)
Salz

1 Am Vortag den Chinakohl längs halbieren und dabei den Strunk entfernen. Die Blätter waschen und quer in etwa 4 cm breite Streifen schneiden, dabei die dicken Blattrippen halbieren. Das Meersalz in etwas heißem Wasser auflösen, mit kaltem Wasser auf 1½ l aufgießen. Den Chinakohl in einer großen Schüssel mit dem Salzwasser übergießen. Mit einem Teller beschweren, sodass der Kohl gut mit Wasser bedeckt ist. Die Schüssel mit einem Tuch abdecken. Den Kohl etwa 12 Stunden oder über Nacht ziehen lassen.

2 Am nächsten Tag Zwiebel, Knoblauch und Ingwer schälen und grob schneiden. Den Apfel waschen und vierteln, das Kerngehäuse entfernen und die Viertel in grobe Stücke schneiden. Alles mit der Brühe im Blender oder in der Küchenmaschine fein pürieren, das Reismehl untermixen. Die Masse in einer Schüssel mit Sojasauce, Zucker und Gochugaru mischen (sie soll angenehm scharf sein).

3 Den Chinakohl mehrmals im Spülbecken in kaltem Wasser waschen und abtropfen lassen, bis der größte Teil des Salzes herausgewaschen ist und die Blätter angenehm salzig schmecken. Den Chinakohl in einer Schüssel mit der Apfel-Chili-Paste verkneten (dabei am besten Einweghandschuhe tragen). Mit Gochugaru, Salz und nach Belieben mit Zucker oder Sojasauce abschmecken. Das Kimchi in ein Glas oder ein Keramikgefäß geben. Die Chilipastenreste in der Schüssel mit knapp 100 ml Wasser lösen und das Wasser über den Kohl gießen – er sollte mit Flüssigkeit bedeckt sein. Den Deckel lose auflegen.

4 Den Kohl 2 bis 4 Tage bei Zimmertemperatur durchziehen lassen – dabei beginnt er zu gären, das heißt, es steigen Bläschen auf. Das Gefäß verschließen und den Kohl im Kühlschrank weiter reifen lassen. Anfangs ab und zu kurz den Deckel öffnen, damit die Gärgase entweichen können. Man kann den Kohl jetzt schon genießen, am besten schmeckt er aber nach 1 bis 2 Monaten.

GRÜNKOHL-CHIPS MIT CASHEW UND ZITRONE

FÜR 10 PERSONEN
ZUBEREITUNG: 20 Min.
GAREN: 1 Std. 15 Min.
PRO PORTION: ca. 40 kcal

150 g Grünkohl
2 EL Cashewnussmus
2 EL Zitronensaft
1 TL Currypulver
½ TL gemahlener Kreuz-
kümmel ✳
Salz
2 TL Hefeflocken

1 Den Backofen auf 120 °C (besser ist 100 °C Umluft) vorheizen. Den Grünkohl waschen, die Blätter von den Blattrippen zupfen, trocken schleudern und in mundgerechte Stücke zupfen.

2 Das Cashewnussmus mit Zitronensaft, 6 EL Wasser, Currypulver, Kreuzkümmel und 1 kräftigen Prise Salz in einer großen Schüssel verrühren. Den Grünkohl und die Cashewnusscreme kräftig mit den Händen verkneten, bis die Blätter gut mit Creme überzogen sind. Die Hefeflocken sorgfältig untermischen.

3 Die Grünkohlblätter auf einem mit Backpapier ausgelegten Blech verteilen und im Ofen auf der mittleren Schiene 1 Stunde bis 1 Stunde 15 Minuten knusprig trocknen, dabei die Blätter nach gut der Hälfte der Zeit mit einem Löffel auflockern. Die Chips abkühlen lassen und in einem Glas oder einer Plastikbox luftdicht verschlossen aufbewahren.

TIPP

Knabbern muss nicht gleich Sünde sein – man kann ja auch krosse Blätter, Gemüse-Chips (siehe rechte Seite) oder geröstete Kichererbsen (siehe S. 58) knuspern. Am besten legt man sich einen kleinen Vorrat an, die nächste Versuchung kommt bestimmt!

✳ *Kreuzkümmel kurbelt den Stoffwechsel an und macht schwer verdauliche Gemüse wie Kohl verträglicher.*

BETE-CHIPS MIT SESAM UND KREUZKÜMMEL

1 Den Backofen auf 100 °C vorheizen. Die Bete schälen und in dünne Scheiben hobeln (dabei am besten Einweghandschuhe tragen, die Knollen färben stark ab). Den Knoblauch schälen und in eine Schüssel pressen, mit Tahin, Ahornsirup, Zitronensaft und 4 bis 5 EL Wasser verrühren. Die Kräuter und Gewürze untermischen.

2 Die Betescheiben und die Tahincreme in einer Schüssel kräftig mit den Händen verkneten, bis die Scheiben gut mit Creme überzogen sind. Die Betescheiben auf einem mit Backpapier ausgelegten Blech verteilen.

3 Die Betescheiben im Ofen (Umluft 115 °C) auf der mittleren Schiene 1 Stunde bis 1 Stunde 15 Minuten knusprig trocknen, dabei nach gut der Hälfte der Zeit mit einem Löffel auflockern und eventuell zusammenklebende Scheiben auseinanderzupfen. Die Bete-Chips abkühlen lassen und in einem Glas oder einer Plastikbox luftdicht verschlossen aufbewahren.

TIPP

Sesam ist richtiges Beautyfood. Er enthält reichlich Omega-6-Fettsäuren und Aminosäuren – die Basis für gesunde Haut, Haare und Nägel. Ich habe deshalb immer ein Glas Tahin im Schrank: perfekt als Grundlage für Dressings und Dips oder als Sandwichaufstrich.

FÜR 10 PERSONEN
ZUBEREITUNG: 15 Min.
GAREN: 1 Std. 15 Min.
PRO PORTION: ca. 60 kcal

700 g bunte Bete
1 Knoblauchzehe
2 geh. EL Tahin (Sesammus)
1 EL Ahornsirup
6 EL Zitronensaft
1 TL getrockneter Thymian
½ TL getrockneter Oregano
¾ TL gemahlener Kreuzkümmel
2 Msp. Chilipulver
Salz, Pfeffer aus der Mühle

FÜR 1 GLAS (CA. 500 ML INHALT)
ZUBEREITUNG: 25 Min.
RUHEN: 12 Std.
PRO GLAS: ca. 120 kcal

1 dicke Möhre
100 g weißer Rettich
200 g Bio-Salatgurke
1 rote Chilischote
3 cm Ingwer
1½ TL brauner Zucker
2 TL Salz
6 EL Reisessig

SCHNELLE ASIA-PICKLES

1 Die Möhre und den Rettich schälen. Die Gurke waschen, längs vierteln und die Kerne entfernen. Das Gemüse in sehr feine Stifte schneiden oder in Julienne hobeln. Wer einen Spiralschneider (Spiralizer) besitzt, kann sie damit auch in „Spaghetti" schneiden.

2 Die Chilischote längs halbieren, entkernen, waschen und in feine Würfel schneiden. Den Ingwer schälen und ebenfalls in feine Würfel schneiden. Das Gemüse in einer Schüssel mit Chili, Ingwer, Zucker, Salz und Essig leicht verkneten. Dann in ein verschließbares großes Glas geben und fest zusammendrücken. Das marinierte Gemüse im Kühlschrank 12 Stunden oder über Nacht durchziehen lassen.

3 Die Asia-Pickles halten sich im Kühlschrank etwa 1 Woche, dabei immer wieder mal durchrühren und zusammendrücken.

TIPP

Die Pickles sind superschnell gemacht. Sie ersetzen auch mal eine Portion Salat, passen auf Brote oder als Beilage zu vielen warmen Gerichten. Wer mag, peppt sie kurz vor dem Essen mit Koriander- und / oder Minzeblättern auf.

RADIESCHEN-PICKLES

1 Den Backofen auf 120 °C vorheizen. Die Gläser samt Deckel ausspülen, abtrocknen und zum Sterilisieren im Ofen 15 Minuten erhitzen. Herausnehmen und abkühlen lassen.

2 Inzwischen in einem Topf den Essig mit dem Zucker unter Rühren erhitzen, bis sich der Zucker aufgelöst hat. Meersalz, Lorbeerblatt, Koriander und Pfeffer unterrühren und die Mischung abkühlen lassen.

3 Die Zitrone heiß waschen und trocken reiben, einen etwa 4 cm langen, dünnen Streifen Schale abschneiden und den Saft auspressen. Die Rote-Bete-Scheibe schälen, mit der Zitronenschale und 1 EL Zitronensaft zur Essigmischung geben.

4 Die Radieschen putzen, waschen und in dünne Scheiben schneiden, auf die Gläser verteilen und mit der Essigmischung übergießen. Die Radieschen verrühren, sodass die Gewürze gut verteilt sind. Die Gläser sofort verschließen und die Radieschen an einem kühlen Ort mindestens 1 Woche durchziehen lassen.

TIPP

Klein, rot, scharf und extrem gesund: Radieschen sind Schlankmacher und die für die Schärfe verantwortlichen Senföle die beste Magen-Darm-Kur. Ich freue mich jedes Frühjahr, wenn es endlich wieder heimische Freilandware gibt, und knabbere ein paar kleine Kugeln einfach so nebenbei, während der Rest ins Glas wandert.

FÜR 2 GLÄSER
(À CA. 220 ML INHALT)
ZUBEREITUNG: 30 Min.
RUHEN: 1 Woche
PRO GLAS: ca. 100 kcal

150 ml Apfelessig
2 EL Zucker
½ TL grobes Meersalz
½ Lorbeerblatt
je ¼ TL Korianderkörner und
weiße Pfefferkörner
½ Bio-Zitrone
1 Scheibe Rote Bete
1 Bund Radieschen
(ohne Grün; ca. 200 g)

SCHARFSAURE GURKEN-PICKLES

FÜR 2 GLÄSER (À CA. 300 ML)
ZUBEREITUNG: 35 Min.
RUHEN: 1 Woche
PRO GLAS: ca. 210 kcal

150 ml Reisessig
80 g Zucker
½ TL Meersalz
1 Stängel Zitronengras
1 Knoblauchzehe
je 2 Stiele Dill, Koriander
und Minze
½ TL Chiliflocken
1 kleine Bio-Salatgurke (oder
2–3 Bio-Mini-Salatgurken)
2 EL Gin

1 Den Backofen auf 120 °C vorheizen. Die Gläser samt Deckel ausspülen, abtrocknen und zum Sterilisieren im Ofen 15 Minuten erhitzen. Herausnehmen und abkühlen lassen.

2 Inzwischen in einem Topf den Essig, 150 ml Wasser mit Zucker und Salz unter Rühren erhitzen, bis sich der Zucker aufgelöst hat. Vom Herd nehmen und die Mischung abkühlen lassen.

3 Das Zitronengras putzen, den Strunk entfernen und die unteren 10 cm in feine Scheiben schneiden. Den Knoblauch schälen und ebenfalls in Scheiben schneiden. Die Kräuter waschen und trocken schütteln, die Blätter abzupfen und fein hacken. Alles mit den Chiliflocken mischen.

4 Die Gurke waschen und in dünne Scheiben schneiden, mit der Kräutermischung lagenweise in die Gläser schichten, dabei mit Gurkenscheiben abschließen. Die Essigmischung darüber verteilen und in jedes Glas 1 EL Gin geben. Die Gläser verschließen und die Gurken-Pickles an einem kühlen Ort mindestens 1 Woche durchziehen lassen.

TIPP

Die Kombi scharf und sauer bringt Geschmacksnerven und Darm gleichermaßen auf Trab. Die Gurken passen prima zu asiatischen Gerichten. Wer will, packt sie auch mal in eine Asia Bowl: Dafür gekochten Reis in eine Schüssel geben, reichlich gedünstetes oder rohes Gemüse und Pickles darauf, eventuell noch einen Dip und eine Handvoll Kräuter zum Abschluss – fertig ist ein leichter Sattmacher.

ROSA RÜBEN
MIT KNOBLAUCH

1 Die Rübchen schälen, je nach Größe achteln oder in etwa 1 cm breite Stifte schneiden. Den Knoblauch schälen und in Scheiben schneiden. Die Rote Bete schälen (dabei am besten Einweghandschuhe tragen, die Knollen färben stark ab) und in Stifte schneiden.

2 In einem Topf den Essig, ¼ l Wasser und Salz unter Rühren erhitzen, bis sich das Salz aufgelöst hat. Chili und 125 ml kaltes Wasser unterrühren und die Mischung abkühlen lassen.

3 Die Rübchen, den Knoblauch und die Rote Bete in ein großes Glas schichten und mit der Essigmischung übergießen. Das Gemüse mit einem kleinen Teller beschweren und den Deckel locker auflegen. Die Rübchenmischung bei Zimmertemperatur 1 Woche ziehen lassen, dann den Teller entfernen und das Glas verschließen.

TIPP

Sexy in Pink: Die rosa Rübchen machen müde Leute munter! Mit ihrer leichten Schärfe erinnern sie an Rettich, wecken die Lebensgeister und bringen den Stoffwechsel in Schwung. Sie schmecken lecker als Pickles zu Brot oder auch in Salat.

FÜR 1 GLAS
(CA. 600 ML INHALT)
ZUBEREITUNG: 25 Min.
RUHEN: 1 Woche
PRO GLAS: ca. 160 kcal

500 g Navet- oder
Mairübchen (ohne Grün)
1 Knoblauchzehe
1 kleine Rote Bete
125 ml Weißwein- oder
Apfelessig
2 geh. EL Meersalz
1 Stück rote Chilischote